CALLWEY

AF558823

SANDRA SCHUMANN / JULIA SCHMIDT

Wilde Wiese

50 REZEPTE MIT WILDPFLANZEN UND WILDKRÄUTERN

Einleitung und Pflanzentexte von
Wild- und Heilpflanzenexpertin Anne Schmidt-Luchmann
Fotografie: JUNI

CALLWEY

Inhalt

Wie es zur Wilden Wiese kam

Koch- und essbegeistert, wie wir sind, wollten wir in diesem Jahr mal etwas ganz Neues probieren. Und so trieb es uns im Frühjahr raus in die Natur. Angeleitet von Anne unternahmen wir eine Wildkräuterwanderung durch einen der Berliner Parks und waren überwältigt von der Vielfalt, die da direkt vor unserer Nase wächst und so wunderbar schmeckt. Was uns besonders gefiel: Wir konnten bereits Vorhandenes nutzen. Das war die Initialzündung. Schnell war vor uns kein Blatt und Stängel mehr sicher. Wir konnten den Blick kaum noch vom Boden heben und futterten uns durch alles, was sich in den Weg stellte.
Neben Klassikern aus Kindertagen wie Sauerampfer und Löwenzahn entdeckten wir viel Neues. Wer hätte gedacht, dass Vogelmiere so wunderbar spinatig schmeckt und eingelegte Wegerichknospen es mit Trüffeln aufnehmen können? Vom gurkigen Borretsch ganz zu schweigen, der uns mit seinen himmelblauen Blüten total verzauberte.
Klar vergleicht man die Aromen der wilden Zutaten zunächst mit bekannten Geschmäckern. Schnell entwickelte sich aber eine eigene geschmackliche Vorstellung von dem, was wir da fanden und schließlich in Rezepten umsetzten. So entstanden wunderbare Geschmackskombinationen – oft einfach und klar, wenn möglich mit regionalen Zutaten, ohne unnötigen Schnickschnack. Wir waren begeistert.
Und das wollten wir gern teilen. So kam uns der Gedanke, unsere Rezepte und Informationen zu einem Kochbuch für Wildkräuter-Anfänger zu bündeln. Ein Verlag war bald gefunden, und es konnte losgehen. Hochmotiviert marschierten wir Richtung Lieblings-Stadtpark zu unseren vertrauten Fundstellen und wurden mit der Wiesenrealität des Traumsommers konfrontiert: Heu, so weit das Auge reichte! Diese kleine Bremsung ließ uns die Nase aber nur noch tiefer ins Gras stecken, und wir erkannten: Die wilden Grünen sind wirklich überall.
So kamen wir – auch dank Unterstützung von Freunden und Familie – an unsere Zutaten und konnten loslegen. Entstanden sind 50 Rezepte, bunt gemischt vom Klee-Süppchen über einen deftigen Giersch-Bohnensalat mit Speck, Borretsch- und Kamillen-Cocktails bis hin zu süßen Brennnessel-Energiehappen.
Und Anne haben wir gleich mit ins Buch eingeladen. Im Kräuterteil verrät sie alles Wissenswerte, damit Ihr Park und Wiese sicher zu durchforsten lernt.
Es hat uns einen Riesenspaß bereitet, mit unseren wilden Funden zu kochen, zu mixen und sie ins beste Licht zu setzen. Und genau das wünschen wir Euch auch! Lasst es Euch schmecken und seid nett zu Euren Parks.

Viel Spaß beim Kochen und Essen.
Julia & Sandra

Einleitung

WILDKRÄUTER

Sie sind überall. In der Stadt, auf dem Land, im Fluss: Sie sind da! Selbst der gepflegteste englische Rasen muss gegen sie kämpfen. Meist braucht der Betrachter nur den Blick auf den Boden zu richten, um sie zu entdecken: Die ersten Triebe von Unkräutern stehen fröhlich zwischen den geraden Halmen und trotzen Gift, Mäher und Sense. Die gute Nachricht: Viele der oft unliebsamen Mitbewohner von Wiesen, Äckern und Parks sind dekorativ, wohlschmeckend und meist auch inhaltsreicher als ihre Verwandten in unseren Supermärkten. Es macht eben stark, sich gegen Wind, Wetter, Unkrautvernichter und vieles mehr behaupten zu müssen. Und so sind die wilden Grünen voll toller Nährstoffe, besitzen Heilkräfte und haben ganz eigene Geschmäcker, die durch keine kaufbaren Kräuter oder Gemüse zu ersetzen sind.
Beim Sammeln und Ernten sollten Städter ebenso wie Landbewohner die Antworten auf so viele W-Fragen (Was – Wo – Wann – Wie) wie möglich parat haben:

WAS SAMMLE ICH?

Das ist natürlich das oberste Gebot, denn jegliche Unsicherheit in der Bestimmung macht die Wildpflanze als Nahrungsmittel tabu! Das sichere Erkennen der essbaren Wildpflanzen lässt sich am besten bei einer Wildkräuter-Führung erlernen. Gern auch bei verschiedenen Lehrern und in unterschiedlichen Umgebungen. Aber auch ohne eine solche Wanderung finden Anfänger schnell heraus, dass einige der Pflanzenfreunde, die man schon aus Kindertagen kennt, auch essbar sind. Hier finden sich Altbekannte wie Löwenzahn, Gänseblümchen, Brennnessel und Sauerampfer wieder. Aber das oberste Gebot ist und bleibt: Nur sammeln und verzehren, was man sicher erkennt! Zum *„Was sammle ich"* gehört auch: *Welche Teile* der Pflanze eignen sich denn überhaupt für die Küche? Dazu empfiehlt es sich, fleißig Experten und Bücher zu Rate zu ziehen. Und wer genügend Wissen zusammengetragen hat, fängt ganz automatisch an, zu experimentieren und zu kreieren. Sehr wichtig ist auch, dass man saubere, normal gewachsene und gesunde Pflanzen ohne sichtbare Krankheiten oder Schädlingsbefall sammelt.

WO SAMMLE ICH?

Ein weiterer wichtiger Punkt, wenn man sich reiche Wildernte wünscht. In welcher Umgebung wächst mein Zielkraut gern und üppig – wo kann ich genügend für eine Mahlzeit ernten?
Der beste Sammelort ist von Pflanze zu Pflanze unterschiedlich. Mag sie trockene Böden, wächst sie auf Sand oder hat sie gern eine Uferböschung im Rücken? Der persönliche Erfahrungsschatz wächst, je länger und intensiver man sich mit dem Sammeln beschäftigt. Und manchmal hilft der Zufall auch mit, denn nicht selten steht man einfach unerwartet vor einer Pflanze, die man schon Jahre gesucht hat!
Ein weiterer wichtiger Aspekt ist der Bodenzustand: Ist es unbedenklich hier zu sammeln? Und das geht nicht nur Städter wegen der hohen Abgasbelastung etwas an! Auch auf dem Land gibt es Umweltbelastungen durch Düngemittel und Unkrautvernichter auf den Feldern sowie die Hinterlassenschaften von Hunden und ande-

WANN SAMMLE ICH?

Nicht jede Pflanze ist zu jedem Zeitpunkt des Jahres erntereif. Das ist wie mit jedem Garten, sei er nun wild oder kultiviert! Es gibt ausgesprochene Frühjahrspflanzen, wie Bärlauch, Knoblauchsrauke und Co. Und andere, die erst weit später im Jahr überhaupt in das Stadium eintreten, in dem wir sie nutzen können.

WIE SAMMLE ICH?

Schere, Messer, Hand, Korb oder Beutel? Wie bringt der Sammelnde an einem heißen Tag seine wertvolle Beute heil nach Hause, und wie hält sie sich gut? Prinzipiell kann ein Taschenmesser nicht schaden, außerdem können ein angefeuchteter Stoffbeutel für Blattpflanzen und ein Schraubglas für Blüten an heißen Tagen wahre Wunder bewirken! Das Sammelgut kommt frisch zu Hause an und zusätzlich kann man diesen Stoffbeutel bei Zeitmangel auch direkt ins Gemüsefach legen. Dort hält sich die grüne Ware oft locker eine Woche, teils sogar länger, weil die wilden Kräuter so widerstandsfähig sind.
Wichtig ist das Waschen der Pflanzen. Am effektivsten ist es, in einer weiten Schüssel Haushaltsnatron

ren Tieren. Wenn möglich, sollte man über den Standort, an dem man ernten möchte, so viel wie möglich in Erfahrung bringen. Ernten neben konventionell bewirtschafteten Feldern ist zum Beispiel nicht empfehlenswert, besonders dann nicht, wenn in den Wochen davor gespritzt wurde.
Gibt es Giftstoffe im Boden, wie zum Beispiel Schwermetalle um alte Bahngleisanlagen herum? Werden viele Hunde spazieren geführt? Gibt es stark befahrene Straßen in der Nähe?
Städter suchen sich zum Sammeln am besten Standorte, die nicht von allen Seiten von großen Straßen umgeben sind. Umweltgiftbelastungen lassen sich aber dennoch niemals ganz vermeiden. Deshalb sollte man seine wilde Ernte immer gründlich waschen. Vom Straßenverkehr und der Hundedichte einmal abgesehen, dürfen sich Städter freuen, denn die Vielfalt der Pflanzenwelt ist in den Städten oft weitaus größer als auf dem durch Monokultur geplagten Land!

aufzulösen (1–2 Teelöffel auf 1 Liter) und alles darin mindestens eine halbe Stunde zu wässern. Mit diesem Trick bekommt man weit mehr Umweltgifte und Keime neutralisiert als mit dem herkömmlichen Wässern und Trocknen. Vom Waschen teils ausgenommen sind hoch über dem Boden wachsende Blüten, wie Holunder, dessen Blütenstaub durchs Wasser verloren gehen würde, aber für den Geschmack enorm wichtig ist.
In den folgenden Pflanzenporträts stellen wir Euch die wilden Lieblinge vor, die bei uns in Topf und Pfanne gewandert sind. Dort findet Ihr auch Antworten auf die wichtigen W-Fragen bezüglich essbarer Wildpflanzen.

Ich persönlich empfinde es als ungeheuren Gewinn, dass ich im Prinzip einfach überall schöne und schmackhafte Wildpflanzen ernten kann. Was für ein Luxus! Euch wünsche ich ebenso viel Spaß beim Erkennen, Verkochen und Genießen!
Aber Vorsicht, Suchtgefahr: Einmal begonnen, werdet Ihr die wilden Schätze bald überall und bei jedem Spaziergang entdecken!

Herzlich,
Eure Wild- und Heilpflanzenexpertin
Anne Schmidt-Luchmann

Borretsch

AUCH: GURKENKRAUT

Seine rau behaarten Blätter sollten nicht abschrecken, denn wer keine Gurke hat, hat hoffentlich Borretsch auf der Fensterbank stehen.

WO ZU FINDEN?

Borretsch ist ursprünglich im Mittelmeerraum beheimatet, wo er gern Brachland besiedelt. Er wurde schon früh in Bauerngärten kultiviert. Inzwischen besiedelt er auch bei uns manches Brachland, das mit Sonne und feuchtem, nährstoffreichem Boden aufwarten kann.

MERKMALE & VERWECHSLUNGSGEFAHR

Als typischer Vertreter der Raublattgewächse besitzt der Borretsch ziemlich haarige, ovale, teils handgroße Blätter und einen dicht behaarten Stiel. Ein weiteres Familienmerkmal, der typisch gurkige Geschmack, ist beim Borretsch besonders stark ausgeprägt. Die große Pflanze hat extrem hübsche, sehr blaue und sternförmige Blüten, die sich sehr leicht vom Kelch lösen. Verwechseln lassen sich die Raublattgewächse vor allem untereinander: Beinwell, Ochsenzunge, Natternkopf und Co. haben alle stark behaarte Blätter, jedoch sehr unterschiedliche Blütenformen. Wer sich die Blüten dieser Pflanzen anschaut, kann sie recht sicher bestimmen. Außerdem sind sie alle essbar, manche allerdings in Maßen (siehe Inhaltsstoffe).

IN DER KÜCHE

Klassisch verwendet die italienische Küche die Blätter des Borretschs, um daraus spinatartige Gemüsebeilagen zu kochen. Die Blüten werden seit jeher für die Dekoration von Salaten, Süßspeisen und Ähnlichem verwendet. Auch kandiert werden die schönen Blüten gern. Oder ihrer leuchtenden Farbe wegen in Salze eingearbeitet. Möchte man Suppen, Kräutersaucen, wie die Frankfurter Grüne Sauce, oder Smoothies herstellen, kann man auch den Stängel mit in den Mixer geben. Der abgefilterte Saft des Borretschs findet aufgrund von Farbe und Geschmack in Wildkräuter-Cocktails großen Anklang.

GESCHMACK

Nur Gurke schmeckt gurkiger als Borretsch. Selbst der Geschmack der Blüten erinnert stark an das grüne Salatgemüse.

INHALTSSTOFFE, WIRKUNG & HEILKRAFT

Borretschblätter enthalten kleine Mengen (etwa 1/100 der Menge im Beinwell) verschiedener Pyrrolizidinalkaloide, die als lebertoxisch gelten, wenn man sie über einen längeren Zeitraum in größeren Mengen zu sich nimmt. Das Bundesinstitut für Risikobewertung hält den gelegentlichen Genuss für unbedenklich. Die Blüten enthalten kaum Alkaloide. Außerdem besitzt Borretsch viele ungesättigte Fettsäuren, Schleim und Gerbstoffe, ätherisches Öl und Kieselsäure.

Brennnessel

HIER: GROSSE BRENNNESSEL

Von Kindern gefürchtet, von Gärtnern verteufelt – dabei könnte man allein mit der Brennnessel lange überleben.

WO ZU FINDEN?

Die Brennnessel wächst eigentlich überall, wenn sie einen leicht feuchten und nährstoffreichen Boden findet. Beispiel für einen Lieblingsstandort ist ein verwilderter Komposthaufen, gern gedeiht sie auch auf Brachland, an Waldrändern, in Gärten und Parks. Sie mag Teilschatten und etwas „Schutz" im Rücken. Auch auf gleichmäßig feuchten Wiesen und offenem Gelände (z. B. Marschland) ist sie zu finden.

MERKMALE & VERWECHSLUNGSGEFAHR

Das Brennen der Brennnessel macht sie total einzigartig. Die Brennhaare stehen steil vom Blatt ab, weshalb die „Brennunfälle" meist beim zufälligen Streifen passieren, weil dabei die Brennhaare abbrechen. Das Blatt ist rautenförmig mit gesägtem Blattrand, wobei der Endzahn häufig länger ist als alle übrigen. Außerhalb der Blütezeit kann man sie mit der weißen Taubnessel verwechseln, deren Blätter eine ähnliche Form haben, aber das typische Brennen vermissen lassen und ebenfalls essbar sind. Wenn es brennt, ist es eine Brennnessel!

IN DER KÜCHE

Von einer Pflanze können stets die oberen 3 bis 4 Blatt-Etagen geerntet werden, denn die kräftige Brennnessel verzweigt sich an der Schnittstelle einfach und wächst weiter. Die gewaschenen Triebspitzen kann man als Ganzes in einem sauberen und angefeuchteten Jutesack ins Gemüsefach legen und dort locker 3 bis 4 Tage aufbewahren. Gegen das Brennen im Mund: Mit einem Nudelholz auswalken, um die Brennhaare zu brechen oder kurz blanchieren und abschrecken. Zu Smoothie, Pesto oder Ähnlichem verarbeitet, brennt sie natürlich auch nicht mehr. Außergewöhnlich lecker: Die eckigen Samen der weiblichen Brennnessel können frisch oder getrocknet vielfältig verwendet werden.

GESCHMACK

Die Blätter der Brennnessel schmecken kräftig grün und leicht erdig. Die gerösteten Samen dagegen sehr nussig und fein.

INHALTSSTOFFE, WIRKUNG & HEILKRAFT

Als Wildgemüse ist die Brennnessel ein an wichtigen Nährstoffen außergewöhnlich reiches Nahrungsmittel: Mineralstoffe (vor allem Calcium und Eisen) und reichlich Vitamine (wie z. B. Vitamin C und Provitamin A). Die Brennnessel gehört zu den Wildpflanzen mit dem höchsten Eiweißgehalt. Schon seit Langem ist die Brennnessel als entgiftende, entwässernde und blutbildende Pflanze bekannt.

Brunnenkresse

AUCH: WASSERKRESSE

Wenn Kresse auf dem Wasser wächst – Die scharfe Wildkresse erfreut sich schon seit Langem größter Beliebtheit!

WO ZU FINDEN?

Die Brunnenkresse wächst am liebsten entlang von Bächen, Gräben und fließenden, klaren Flüssen, und weil sie kulinarisch so viel zu bieten hat, wurde sie schon sehr früh gezielt kultiviert und angebaut. Aufgrund dieser großen Beliebtheit ist sie an manchen Standorten gefährdet, daher ist es wichtig, nur dort zu sammeln, wo sie in großen Mengen vorkommt – oder man baut sie selbst an. Achtung an Wildsammler: Wer in der Nähe von Schaf- oder Rinderweiden erntet, sollte die Brunnenkresse immer sehr gut (auch mit Natronlauge) waschen, um eventuelle Parasiten abzutöten, die von den Tieren übertragen werden können.

MERKMALE & VERWECHSLUNGSGEFAHR

Ihr bevorzugter Standort und ihre Wuchsform geben erste Hinweise zur sicheren Bestimmung der Brunnenkresse: Sie wurzelt gern im Wasser und manchmal schwimmt sogar die ganze Pflanze im Wasser. Häufig bilden sich große Verbände, die auch felsige Ufer überwuchern können. Ein anderes klares Erkennungsmerkmal ist der scharfe Kresse-Geschmack der dunkelgrün glänzenden Blätter, der an Wilde Rauke erinnert.
Verwechslung: Am gleichen Standort wächst das sehr ähnliche Bittere Schaumkraut, das aber ebenfalls essbar ist und ähnlich verwendet werden kann.
Wichtigste Unterschiede: Die Blätter des Bitteren Schaumkrauts bilden mehr als vier Teilblattpaare, und die Staubblätter sind violett und nicht gelb wie bei der Brunnenkresse.

IN DER KÜCHE & GESCHMACK

Im Frühjahr können die jungen, scharf schmeckenden Blätter und Triebe perfekt in Salate gemischt werden, ebenso später die Blütenknospen und geöffneten Blüten. Auch Pesto, Suppen, Aufstriche, Quiche und vieles mehr profitieren geschmacklich von der Zugabe der Brunnenkresse. Nach der Blüte sind die Blätter nicht mehr gut zum Verzehr geeignet, da sie dann recht bitter werden.
Besonderheit: Ab September lassen sich die scharfen Samen der Brunnenkresse ernten und als Senfersatz, Brotgewürz und Co. verwenden.

INHALTSSTOFFE, WIRKUNG & HEILKRAFT

Die echte Brunnenkresse bietet ein weites Spektrum an wichtigen Inhaltsstoffen, wie z. B. Bitter- und Gerbstoffe, ätherische Öle und Mineralstoffe (Eisen und Calcium), aber auch viel Vitamin C, Vitamin A und verschiedene B-Vitamine.

Dost

AUCH: WILDER MAJORAN, OREGANO, WOHLGEMUT

Pizzagewürz aus dem Wald: Das wilde Original der mediterranen Küche bringt den warmen Duft des Südens auf unsere Teller.

WO ZU FINDEN?

Dost gedeiht gern in großen Gruppen an sonnigen, trockenen Standorten, wie lichten Wald- und Gebüschrändern. Auch in locker bewachsenen Eichen- und Kiefernwäldern und auf trockenen Wiesen ist er zu finden.

MERKMALE & VERWECHSLUNGSGEFAHR

Es gibt keine Schwierigkeiten, den Dost zu erkennen: Eiförmige Blättchen, Vierkant-Stängel, rötliche Lippenblüten und starker Duft. Dost oder Oregano ist eng mit Majoran verwandt, sodass die genaue Unterscheidung manchmal schwerfällt. Das macht aber nichts, da beide ähnlich verwendet werden können.

IN DER KÜCHE

Zur Gattung Origanum gehören beliebte Gewürz- und Aromapflanzen. Die Dostblätter lassen sich frisch oder getrocknet zum Aromatisieren von herzhaften und auch süßen Speisen verwenden.
Auch Getränke kann man damit perfekt verfeinern, da er wie alle Lippenblütler hydrophil ist und seine Aromastoffe ans Wasser abgibt. Am intensivsten duften die blühenden Triebspitzen, die von April bis September immer weiter austreiben. Im Herbst lässt sich auch der verholzte Stängel kreativ verwenden: als Aroma spendender Spieß für Grillgemüse oder Stockbrot.

GESCHMACK

Dost besitzt eine frische, ganz leicht zitronige Note und riecht zugleich etwas erdig. Auch die Blüten duften stark und ganz typisch.

INHALTSSTOFFE, WIRKUNG & HEILKRAFT

Alle Dost-Arten besitzen vor allem ätherische Öle und in der frischen Pflanze steckt viel Vitamin C.

Gänseblümchen

AUCH: MASSLIEBCHEN, TAUSENDSCHÖN

Die Lieblingsblume der Kinder ist zugleich der pikante Feldsalat des Frühlings: eine herbe Frische, die sie von allen anderen Kräutern unterscheidet.

WO ZU FINDEN?

Die kleine schöne Blüte des Gänseblümchens fehlt in keinem Wiesenkranz oder Kinderstrauß und ist allgegenwärtig, egal ob in den Alpen oder im heimischen Stadtpark. Besonders bei regelmäßigem Schnitt gedeiht die mehrjährige Pflanze prächtig, selbst auf stark beanspruchten Flächen.

MERKMALE & VERWECHSLUNGSGEFAHR

Von den Alpen bis zur Ostsee erkennt jedes Kind die gelbe Korbblüte mit den hübschen weißrosa Zungenblüten drumherum, die sich nachts und bei Regen schließen. Diese kann man vor allem in den Bergen mit verschiedenen Mini-Margeriten und in Gärten mit kultivierten Züchtungen verwechseln, die aber ähnlich zu verwenden sind. Typisch ist auch die grundständige Blattrosette des Gänseblümchens, die mit zahlreichen spatelförmigen Blättchen dicht dem Boden anliegt. Wer sie nicht kennt: Einfach mal im Frühjahr die erste Gänseblümchenblüte zu ihrer Basis am Wiesengrund zurückverfolgen und sich mit den Blättern vertraut machen.

IN DER KÜCHE

Die Blüten haben einen leicht mehligen und aromatisch bitteren Geschmack, was sie zu idealen Suppenkräutern macht, da sie schön Konsistenz geben und Twist beisteuern. In Salaten sind sie natürlich eine Augenweide und als Deko verschönern sie jedes Gericht.
Tipp: Nach dem Sammeln schließen sich die Blüten meist, besonders, wenn man sie in einem Schraubglas im Kühlschrank für den späteren Gebrauch lagert. ABER: Kurz vor dem Servieren auf das Gericht gelegt, öffnen sie sich durch die Wärme direkt vor den Augen des Essenden.
Die zarte, knackige Grundrosette lässt sich im Frühjahr und frisch nachgewachsen im Herbst sehr gut direkt als Ganzes aus der Wiese ernten wie Feldsalat. Hier ist, wie beim Feldsalat, vor allem gründliches Waschen wichtig, weil oft einiges an Sand anhaftet.

GESCHMACK

Der Geschmack ist frisch, leicht zitronig und harzig-herb bis leicht bitter. *Hinweis:* Je mehr Blüten die Rosette ausgetrieben hat, desto bitterer ist ihr Aroma.

INHALTSSTOFFE, WIRKUNG & HEILKRAFT

Das zarte Blümchen kann mit einer ganz eigenen Mischung aus Gerb- und Bitterstoffen, Saponinen sowie Harz und etwas ätherischem Öl aufwarten, was seine stoffwechselanregende, harntreibende und klärende Wirkungsweise erklärt.

Giersch

AUCH: GEISSFUSS, GÄNSEFUSS, BAUMTROPF

Das Hass-Unkraut aller Gärtner ist eines der besten Wildgemüse überhaupt: vielfältig einsetzbar, voller Nährstoffe und äußerst lecker.

WO ZU FINDEN?

Giersch wächst als typische Randpflanze unter Büschen, in Gärten, lichten Wäldern, aber auch auf ungestörten Wiesen, solange es dort etwas Schatten, Feuchtigkeit und ordentlich Nährstoffe im Boden gibt.
Gärtnern ist er ein ewiger Dorn im Auge, denn er ist partout nicht auszurotten: Beim Rausreißen bleiben Stücke der zerbrechlichen Wurzel im Boden zurück, und jedes treibt eine neue Pflanze aus.

MERKMALE & VERWECHSLUNGSGEFAHR

Giersch gehört zur großen Familie der Doldenblütler, zu denen sowohl wichtige Gemüsepflanzen, wie Möhre, Pastinake und Sellerie, zählen, aber auch sehr giftige Pflanzen, wie z. B. der gefleckte Schierling und die Hundspetersilie.
Giersch besitzt größere, etwas eiförmige, ovale Fiederblättchen mit leicht gezahntem Rand, die spitz zulaufen. Die drei endständigen Fiedern erinnern an einen Hufabdruck. Der Stängel des Gierschs ist dreikantig.
Beachtet man alle Merkmale auf einmal (Dreikant-Stängel, gehäuftes Auftreten am Standort, Dreiteilung der Blätter, ein Geruch nach Petersilie und Möhre), dann ähnelt der Giersch nur noch der ebenfalls essbaren Angelika, auch Engelwurz genannt, die allerdings nie in solchen Massen auftritt und deutlich größer ist.

IN DER KÜCHE

Der Gourmet-Zustand des Gierschs sind die jungen, glänzenden und noch leicht gefalteten Blätter der frischen Triebe mitsamt dem Stiel, später werden die Blätter etwas zäher, sind aber dennoch essbar.
Sowohl frisch, als auch gedämpft oder gekocht zu verwenden in Smoothies, als Salat, Gemüsebeilage, Füllung und Suppe. Die weiße Doldenblüte des Gierschs ist eine tolle Salat-Schönheit und, da sie süß schmeckt, auch für Desserts ein Geheimtipp. Eine besondere Delikatesse bilden die noch geschlossenen Blütendolden, wenn sie in der Blatthülle noch eng an den Stiel gepresst sind.

GESCHMACK

Der Giersch schmeckt – wie ein weiterer Volksname (Wilde Petersilie) vermuten lässt – angenehm nach Petersilie, aber auch intensiv nach Karotte.

INHALTSSTOFFE, WIRKUNG & HEILKRAFT

Im Giersch findet sich ein sehr hoher Kaliumgehalt, reichlich Vitamin C und Provitamin A, sehr viel pflanzliches Eiweiß, Mineralstoffe und Spurenelemente (Eisen, Mangan, Kupfer), außerdem ätherische Öle und Cumarin.

Gundermann

AUCH: GUNDELREBE

Der schöne kleine Bruder von Minze und Salbei ist das ungewöhnliche Lieblingsaroma der Wildkräuter-Köche.

WO ZU FINDEN?

Der hübsche Gundermann rankt sich gern auf dem Boden unter der Grasnarbe von nährstoffreichen und leicht feuchten Standorten mit einer ordentlichen Portion Schatten entlang, also an Waldrändern, Gebüschen und Wegen mit benachbarten Hecken. Aber man findet ihn auch in ungenutzten Wiesen und ruhenden Weiden.

MERKMALE & VERWECHSLUNGSGEFAHR

Von oben betrachtet wirkt es so, als würde einem alle drei bis zehn Zentimeter eine kleine Gundermann-Pflanze entgegenwachsen, doch bei näherem Hinschauen zeigt sich, dass der Hauptstrang der Pflanze am Boden entlangwächst und alle paar Zentimeter einen zarten Zweig austreibt. Die freundlichen, dunkelgrünen und glänzenden Blätter sind rundlich, leicht herzförmig und besitzen einen rund gezahnten Blattrand. Beim Reiben der Blätter entsteht ein leicht öliges Gefühl auf den Fingern.
Der Stängel ist deutlich vierkantig. Die zarten, lila Lippenblüten lassen sich vor allem zwischen April und Mai in der Wiese entdecken, während die Blätter des Gundermanns ganzjährig und sogar unter dem Schnee zu finden sind. Die untere Lippe der Blüte ist weit größer als die obere. Eine Verwechslungsgefahr besteht nicht, wenn man sich alle Merkmale zusammen anschaut (Ausläufer treibend, Vierkant-Stängel, lila Lippenblüte, starker Duft nach Minze, Salbei und etwas Erdigem, runde, gekerbte Blättchen).

IN DER KÜCHE

Die Blätter des Gundermanns sind ein sehr eigenes und wunderbares Würzmittel für Öle, Süßspeisen, Ziegenkäsebällchen, süße wie salzige Pestos, Lachsbeize und vieles, vieles mehr. Der Gundermann stellt eine der Aroma-Sensationen der feinen Wildkräuter-Küche dar! Seine Blüten können sowohl Süßem als auch Salzigem als Dekoration dienen.

GESCHMACK

In Geschmacksbeschreibungen des Gundermanns finden sich oft seine kultivierten großen Brüder wieder, die alle zur aromareichen Familie der Lippenblütler gehören: Salbei, Minze, Melisse, Thymian. Allerdings hat der Gundermann neben all der ätherischen Frische auch noch seinen ganz eigenen herben, leicht erdigen Geschmackston, der ihn so unverwechselbar macht.

INHALTSSTOFFE, WIRKUNG & HEILKRAFT

Wie schon erwähnt, besitzt der Gundermann viel ätherische Öle, außerdem Gerb- und Bitterstoffe.

Kamille

AUCH: ECHTE KAMILLE, APFELKRAUT, WEISSE BLUME

Als eine der bekanntesten Heilpflanzen überhaupt ist sie längst als feines Gourmet-Aroma neu entdeckt.

WO ZU FINDEN?

Die Echte Kamille gehört zu den Getreideunkräutern und lebt gern auf Äckern, aber auch auf Brachland. Dort bevorzugt sie nährstoffreiche und lehmige Böden. Sie kann bis zur Vegetationsgrenze hoch in den Bergen vorkommen. Die nah verwandte Strahlenlose Kamille ist aus Südostasien und Nordamerika eingewandert. Sie bevorzugt ähnliche Untergründe wie die Echte Kamille, hat es aber lieber, wenn auf ihrem Rasen viel herumgelaufen wird, denn so vermehrt sie sich: Sie lässt sich einfach unter Schuh und Huf mitnehmen.

MERKMALE & VERWECHSLUNGSGEFAHR

Verwechseln kann man die Echte Kamille vor allem mit der Römischen Kamille, diversen Margeriten-Arten und der Strahlenlosen Kamille. Neben dem starken, allgemein bekannten Kamilleduft kann man die Echte Kamille an ihrem hohlen Blütenköpfchen erkennen. Der Strahlenlosen Kamille fehlen die weißen Außenblätter am gelben Köpfchen, außerdem ist sie im Geschmack eher ananasartig, was ihren englischen Namen erklärt: *pineappleweed.*

Alle Kamillen besitzen fein gefiederte Blätter und einen gelben Korb-Blütenkopf, der sich kegelig nach oben wölbt.

IN DER KÜCHE

In der Küche verwendet man meist die Blütenköpfe als Aromaspender für verschiedenste Getränke und Süßspeisen, wie Cocktails, Sorbets, Panna Cotta, Obstsalate und Ähnlichem. Die Blüten können getrocknet verwendet werden oder frisch gehackt zum Würzen, aber auch kurz blanchiert als Ganzes. Auch die Blätter können in kleinen Mengen herzhaften Speisen zugegeben werden.

GESCHMACK

Die Echte Kamille besitzt ihr ganz eigenes krautiges und zugleich fruchtig-süßes Bukett, das sich vor allem im gelben Teil der Blüte findet. Die Strahlenlose Kamille schmeckt ähnlich, ist aber etwas weniger aromatisch.

INHALTSSTOFFE, WIRKUNG & HEILKRAFT

In der Echten Kamille finden sich unter anderem ätherische Öle, Cumarine und Schleimstoffe. Als Heilpflanze ist sie so bekannt geworden, weil sie äußerst verträglich ist und selbst Kindern unbedenklich verabreicht werden kann. Sie ist entzündungshemmend, antibakteriell und wirkt ausgleichend und stärkend auf das Nervensystem. Traditionell wird sie mit Erfolg als Magen-Darm-Mittel, Schlaftee und Gurgel-Lösung eingesetzt.

Klee

Z.B.: ROTKLEE, STEINKLEE, SAUERKLEE

Die Pflanzenfamilie mit dem Glücksruf begeistert mit vielseitigen Blüten und kulinarisch wunderbaren Möglichkeiten.

WO ZU FINDEN?

Viele Arten werden einfach unter dem Begriff Klee zusammengefasst: Altbekannte wie Rotklee (s. Bild) und Weißklee, die im Prinzip auf jeder mitteleuropäischen, fetten Wiese zu finden sind, aber auch völlig andersartige, wie die herb-aromatischen Steinklee-Sorten, die lieber trocken und sehr sonnig stehen.
Auch alle Sauerklee-Arten landen gern im großen Klee-Topf, obwohl diese nicht einmal zur Pflanzenfamilie der Schmetterlingsblütler gehören, sondern eine eigene Familie bilden, die der Sauerkleegewächse. Sie gedeihen bevorzugt in schattigen Parks und feuchten Mischwäldern.

MERKMALE & VERWECHSLUNGSGEFAHR

Verwechseln kann man die verschiedenen Wiesen-Klees vor allem vor der Blüte, da sie alle die typische Dreiteilung der Blätter aufweisen, an denen jeder sie von Kindesbeinen an erkennt. Der Steinklee riecht so sehr nach Waldmeister und Vanille (vor allem angetrocknet), dass es eine Verwechslung fast unmöglich macht. Und den hübschen Sauerklee kann man sicher an den perfekt herzförmigen Einzelblättern der drei Kleeblätter erkennen. Diese Herzblätter bildet kein anderer Klee. Weiteres Erkennungsmerkmal ist sein frisch-saurer Geschmack.

IN DER KÜCHE & GESCHMACK

Beim Sauerklee lassen sich Blätter und Blüten die gesamte Wildpflanzen-Saison hindurch ernten, da sie nie zäh oder herb werden. Man kann sie jeder Art von Gericht, sowohl zur Dekoration als auch zur Erfrischung, beifügen.
Den Steinklee verwendet man vor allem getrocknet oder angetrocknet zum Aromatisieren von Süßspeisen und Saucen, ähnlich wie Waldmeister. Kleearten, die in jeder Wiese zu finden sind, liefern insbesondere Blüten zur reichen Ernte, ihre Blätter hingegen sind oft recht herb und etwas bitter. Die Blüten sind roh eine tolle Ergänzung zu Salaten oder zu Dips. Und die langstieligen Rotkleeblüten sind, in leichtem Tempura-Teig ausgebacken und als Suppeneinlage verwendet, fantastisch geeignet.

INHALTSSTOFFE, WIRKUNG & HEILKRAFT

Die meisten Kleearten enthalten Cumarine, Gerb- und Schleimstoffe. Außerdem viele ätherische Öle, Harze und ordentlich Vitamin C. Beim Sauerklee kommt noch Oxalsäure hinzu (jedoch nicht mehr als in Spinat, Mangold oder Rhabarber), welche, regelmäßig über einen längeren Zeitraum eingenommen, zur Schädigung der Niere führen kann.

Kornblume

AUCH: ZYANE, BLAUE FLOCKENBLUME

Essbare Dekoration gibt es an jedem Feldrand! Das schönste Blau des Sommers besitzt die zart-schöne Kornblume.

WO ZU FINDEN?

Es gibt diesen Zeitpunkt im Sommer, wenn auf einmal alle Ackerränder im wunderbar tiefen Blau der Kornblumen erblühen. Und genau dort wächst die Kornblume am liebsten, wenn man sie lässt. Sie gilt als Ackerunkraut, was stellenweise zu ihrer flächendeckenden Ausrottung geführt hat. Deshalb überlebt die schöne Blume in manchen Gebieten eher angepflanzt in Gärten.

MERKMALE & VERWECHSLUNGSGEFAHR

Als typische Vertreterin der Korbblütler sitzt ihre blaulila Blüte umrahmt von zarten, tief gezackten Außenblüten in einem richtigen kleinen Korb, dessen Hüllblätter schuppenförmig angeordnet sind. Je nach Standort wird sie bis zu einem Meter hoch.
Verwechseln könnte man die Blüte der Kornblume mit der der Wegwarte, die von ähnlicher Farbe ist und auch am Wegesrand wächst. Diese gehört auch zu den Korbblütlern und ist ebenfalls essbar! Eindeutiger Unterschied: Die Wegwartenblüte schließt sich nach dem Pflücken.

IN DER KÜCHE

Als typische „Schmuckdroge" wurden die äußeren Blütenblätter der Kornblume schon immer zur Verschönerung von Teemischungen (z. B. Lady Grey), Gewürzen, Salz und Rauchtabak verwendet. In der Wildkräuter-Küche kommt sie ebenso gern und häufig zum Einsatz: Desserts, Salate, Frischkäsebällchen mit Blüten-Umhüllung, Toppings jeder Art, auf Getränken und in Teigwaren.
Beim Sammeln sollte man darauf achten, neben welchem Feld die Blume wächst. Konventionell gedüngte und mit Insekten- und Unkrautvernichtern gespritzte Äcker sind nicht der beste Sammelort. Vorzuziehen sind Felder mit Bio-Anbau, Gärten oder unberührte Wiesen.

GESCHMACK

Das Geschmackvollste an der Kornblume ist ihr Blau, denn sie schmeckt völlig neutral. Die Gesamtblüte, mit Kelch getrocknet, erinnert im Geschmack etwas an Wiese im Allgemeinen und Grüntee.

INHALTSSTOFFE, WIRKUNG & HEILKRAFT

Für die blaue Farbe sind Anthocyane zusammen mit dem Flavon Apigenin verantwortlich. Außerdem hat sie ein paar Bitterstoffe aufzuweisen, aber da sie in so winzigen Mengen verspeist wird, fällt nichts davon ins Gewicht.

Löwenzahn

AUCH: KUHBLUME, PFAFFENÖHRLEIN

Der gelbe Wiesenprinz ist der Bittersalat überhaupt. Und bitter macht vielleicht nicht lustig, dafür aber ziemlich gesund.

WO ZU FINDEN?

Am liebsten wohnt der gute Löwenzahn auf feuchten, nährstoffreichen Wiesen, aber auch auf trockenen Wiesen ist er zu finden, nur dass bei diesen Pflanzen die Blätter meist nicht so üppig und groß sind. Auch auf stark überdüngten Wiesen gedeiht er prächtig, allerdings sollte der Wildkräuter-Sammler sich besser an naturbelassene Standorte halten.

MERKMALE & VERWECHSLUNGSGEFAHR

Löwenzahn ist eine Sammelart mit unzähligen Populationen, die sich in kleinsten Details unterscheiden, aber die meisten von uns können ihn schon seit ihrer Kindheit zweifelsfrei identifizieren.
Typische Merkmale: Weiche, stark gezackte Blätter, die in einer Rosette wachsen, viele große gelbe Korbblüten auf hohen, relativ brüchigen Stängeln. Die ganze Pflanze sondert einen weißen Milchsaft ab, der zum Teil immer noch im Ruf steht, giftig zu sein, was aber nicht stimmt. Eine Verwechslung ist vor der Blüte möglich mit Rauem Milchkraut, Ferkelkraut, Pippau und weiteren, Rosetten bildenden Vertretern der Korbblütler-Familie. All diese Pflanzen sind jedoch ebenfalls essbar, wenn auch bitter.

IN DER KÜCHE & GESCHMACK

Die Grundregel lautet: Je älter, desto bitterer und je größer, desto bitterer ist das Löwenzahnblatt im Geschmack. Wer nur wenig Bitterstoffe verträgt, sollte vor der Blüte die kleinsten Blätter aus der Blattrosette ernten. Dem Bitteren kann man sehr gut mit Fett entgegenwirken, indem man Mayo-Dressings und fette Zutaten wie Avocado oder Käse im Löwenzahnsalat verwendet. Bitte den bitteren Geschmack nicht mit Zucker abmildern, denn dadurch verlieren die Bitterstoffe ihre positive Wirkung.
Die schönen gelben Blüten sind fantastisch zu verwenden als Blütensirup, im Löwenzahn-Honig, aber auch als Bratgemüse, roh im Salat oder zu Eis püriert.
Eine feine Löwenzahn-Delikatesse sind die noch fest geschlossenen Blütenknospen, so lange sie noch dicht am Boden in der Mitte der Blattrosette sitzen: Diese können wie Kapern oder Oliven sauer eingelegt oder angebraten und in Olivenöl mariniert als Antipasti dienen.

INHALTSSTOFFE, WIRKUNG & HEILKRAFT

Der Löwenzahn besitzt viele Vitamine, vor allem C und D, sowie Kalium, aber vor allem: Löwenzahn gilt als DIE Bitterstoffpflanze und ist dadurch allgemein Leber stärkend und verdauungsfördernd.

Minze

Z.B.: WASSER-MINZE, ROSS-MINZE, ACKER-MINZE

Gibt es eine Aromapflanze, die in unseren Produkten präsenter ist? Minze ist wirklich der frische Liebling aller Limos, Kaugummis und Bonbons.

WO ZU FINDEN?

Alle Minzen lieben feuchte und nährstoffreiche Böden, wie fette Alpenwiesen, Weiden, flussnahe Wiesen und das Gelände rund um Seen.

MERKMALE & VERWECHSLUNGSGEFAHR

Es gibt so unzählig viele Minze-Arten und natürliche Hybriden, dass es nicht immer einfach ist, die genaue Art zu bestimmen. Das ist aber nicht weiter schlimm, denn sie sind alle ungefährlich und äußerst delikat. Einzige Ausnahme ist die Polei-Minze. Ihr ätherisches Öl enthält giftiges Pulegon und Menthol, das in größeren Mengen eingenommen zu Atemlähmung führen kann. Die Polei-Minze ist im Bestand gefährdet und in der Natur sehr selten. Ihre zart blau-violetten Blüten sehen aus wie ein flauschiger Stern, der um den Stengel liegt, und ihre Blätter sind klein und oval.
Beim Minze-Sammeln gilt die Devise „immer der Nase nach", denn manche Art riecht recht muffig. Davon abgesehen, weisen Minzen einige typische Merkmale der Lippenblütler-Familie auf, was sie neben dem starken Menthol-Geruch gut bestimmbar macht: Vierkant-Stängel, Lippenblüten, Blüten und Blätter in Etagen und Quirlen angeordnet. Ihr ätherisches Öl sitzt nah unter der Blattoberfläche, und die Ölkammern platzen schon bei leichtem Anquetschen oder Andrücken.

IN DER KÜCHE

Wer auf Weiden sammelt, sollte die Minze gründlich im Natronbad wässern und mit klarem Wasser spülen, um eventuell anhaftende Bakterien und Parasiten der Weidetiere abzutöten. Alle Teile der Minze sind verwendbar: Die Blätter zum Aromatisieren und Würzen, die Blüten zur erfrischenden Dekoration. Gazpacho, Lamm, Eis, Schokolade, Limonade, Caipirinha: Vieles kann einen Hauch Minze vertragen. Wie alle Lippenblütler sind die Minzen hydrophil und geben ihre Aromastoffe ans Wasser ab. Deshalb ist es so leicht, mit Minze, Melisse, Salbei oder Basilikum Getränke zu aromatisieren.

GESCHMACK

Ohne Frage: Die frischeste Pflanze der Welt dank ihres Mentholgehalts. Je nach Züchtung schleichen sich auch verrückte Noten wie Schoko, Apfel oder Orange in ihr Geschmacksprofil.

INHALTSSTOFFE, WIRKUNG & HEILKRAFT

Von Art zu Art finden sich unterschiedliche Menthol-Anteile im ätherischen Öl, außerdem Gerbstoffe und Flavonoide. Als Heilpflanze verspricht die Minze Linderung und Beruhigung bei Magen-Darm-Beschwerden, Nervosität, Kopfweh und Atemwegserkrankungen.

Sauerampfer

AUCH: SAUERLUMP, BLACKE

Die Zitrone des Nordens – alle Regional-Köche, die Zitrusfrüchte vermeiden wollen, können sich auf die Säure des Sauerampfers verlassen.

WO ZU FINDEN?

Sauerampfer wächst vor allem auf Wiesen und ist schon im zeitigen Frühjahr zu entdecken. Bis spät in den Herbst hinein wächst er nach jedem Schnitt zuverlässig nach. Seine rostroten hohen Blüten- und Samenstände zieren massenweise Stadtwiesen, Brachland-Wiesen und Weiden. Einige besiedeln auch Schutthalden und steinige Untergründe.

MERKMALE & VERWECHSLUNGSGEFAHR

Die Blätter des Sauerampfers sind pfeilförmig, glänzend und unbehaart. Niedliche Besonderheit: Seine Blattecken stehen ab und neigen sich wie kleine Eselsohren wieder dem Stängel zu. Oft erscheinen später im Jahr kleine, rötlich umrandete Löchlein oder rötliche Flecken auf dem Blatt, die aber unbedenklich sind. Prägnantes Erkennungsmerkmal ist der sehr saure Geschmack (bei Unsicherheit etwas Blatt zwischen den Fingern quetschen und an der äußersten Zungenspitze testen). Verwechslungsgefahr besteht mit den Blättern anderer Ampfer-Arten unserer Breiten, die zwar alle deutlich bitterer, aber dennoch nicht giftig sind. Zur gleichen Zeit im Frühjahr treibt der giftige Aronstab aus, dessen junge, kleine Blätter denen des Sauerampfers ähneln. Allerdings wächst er in feuchten Wäldern und wirkt im Mund sofort sehr brennend.

IN DER KÜCHE & GESCHMACK

Vom Sauerampfer können ganzjährig die Blätter geerntet werden, auch während oder nach der Blüte, sie verändern ihren Geschmack nicht. Wer eine Sauerampfer-Wiese kennt, die regelmäßig gemäht wird, kann dort büschelweise immer wieder jungen Ampfer mit der Schere ernten.
Sauerampferblätter, in etwas Wasser püriert und durch ein Sieb gegossen, können wie Zitronensaft oder Essig verwendet werden.

INHALTSSTOFFE, WIRKUNG & HEILKRAFT

Sauerampfer besitzt sehr viel Vitamin C und wurde früher gegen Skorbut eingesetzt.
Wichtig: Sauerampfer enthält Oxalsäure (etwa so viel wie Rhabarber), welche, regelmäßig und in größeren Mengen aufgenommen, zu Nierenschädigungen führen kann.
Da Oxalsäure wasserlöslich ist, kann man sie durch Abkochen eliminieren. Dazu die Blätter kurz in kochendes Wasser geben und das Wasser anschließend abgießen und wegschütten. Außerdem bindet Calcium einen Teil der Oxalsäure und macht sie so unschädlich. Deshalb ist die Verarbeitung mit Milchprodukten sinnvoll (und äußerst lecker).

Spitz- und Breitwegerich

AUCH: SCHLANGENZUNGE UND MAUSÖHRLE

Die Könige der Wege, die sich so gern von Mensch und Tier mittragen lassen, überraschen mit feinstem Pilzaroma!

WO ZU FINDEN?

Beide Wegerich-Arten wachsen wirklich ausgesprochen gern auf allen Arten von Wegen, Weidepfaden der Tiere, in der Stadt zwischen Pflastersteinen und überall da, wo Bewegung ist und sie sich hintragen lassen können. Auch auf Wiesen findet man beide Arten häufig, solange nur jemand darüber läuft und die Samen so verbreitet. Besonderheit an verschiedenen Standorten: Je nach Feuchtigkeit und Nährstoffgehalt im Boden können die Wegeriche wirklich sehr unterschiedlich groß sein, der Spitzwegerich auf einer mageren Wiese mag beispielsweise nicht länger sein als der kleine Finger, während er auf einer fetten Alpenwiese Blätter austreibt, die beinahe so lang sind wie ein ganzer Unterarm.

MERKMALE & VERWECHSLUNGSGEFAHR

Spitzwegerich fällt durch seine lanzettartigen Blätter und seine parallel verlaufenden, dicken Blattnerven auf, die Kinder gern vom Blatt abziehen und sammeln.
Spitzwegerich wächst in einer dichten Grundrosette und treibt viele, viele Blüten übers ganze Kräuterjahr hindurch aus. Breitwegerich verhält sich genauso, nur dass seine Blätter viel breiter und löffelförmig sind.
Der seltenere Mittlere Wegerich liegt mit seiner Blattgröße genau zwischen Spitz- und Breitwegerich. Das Gute: Alle sind essbar.

IN DER KÜCHE

Am delikatesten sind ganz junge, kleine Blätter roh in Salaten, als Würze für Quark, Butter oder Pesto. Frisch in Krautsalate gehackt, entsteht ein schöner frischer Twist.
Eine besondere Delikatesse sind die sehr jungen Blütenknospen, die gesalzen und in Öl eingeweckt, den feinen „Spitzwegerichtrüffel“ ergeben, der mit genialem Pilzaroma betört.

GESCHMACK

Der Geschmack beider Wegerich-Arten erinnert markant an frische Pilze, etwas an Spinat und kann manchmal ein wenig bitter sein. Je älter, desto bitterer. Am besten pflückt man junge Blätter vor der Blüte aus der Mitte der Rosette, im Frühjahr kann aber auch die ganze frische Blattrosette auf einmal geerntet werden.

INHALTSSTOFFE, WIRKUNG & HEILKRAFT

Die Wegeriche weisen einen hohen Gehalt an Glycosid, Gerbstoff, Kieselsäure, Kalium und Zink auf. Außerdem enthalten sie Provitamin A, Vitamine A und K ebenso wie Schleimstoffe, was die traditionelle Verwendung von Spitzwegerich gegen Reizhusten erklärt.

Taubnessel

AUCH: KUCKUCKSNESSEL, ZAHME NESSEL

Die Schönheit mit dem manchmal muffigen Geruch, die verarbeitet aber so genial schmeckt, wie eine frisch gemähte Wiese duftet!

WO ZU FINDEN?

Die Weiße Taubnessel (s. Bild) wächst gern im Halbschatten unter Bäumen und auch auf fetten, saftigen Wiesen. Ihre hübschen Lippenblüten sieht man von April bis Oktober in der Wiese glitzern. Nahe Verwandte sind die früh blühende Rote Taubnessel und ihre schöne Schwester, die Goldnessel. Auch sie wachsen an ähnlichen Standorten, aber die kleine Rote Taubnessel kommt mit mehr Hitze und kargen Standorten zurecht.

MERKMALE & VERWECHSLUNGSGEFAHR

Den Namen Nesseln verdankt die Taubnessel in der Tat der Brennnessel, die eine ganz ähnliche Blattform hat, mit der sie jedoch nicht verwandt ist. Anders als die Brennnessel hat die Taubnessel keine Brennhaare, sondern im Gegenteil sehr angenehm weiche, fast flauschige Blätter.
Alle Taubnesseln sind typische Vertreter der Lippenblütler-Familie mit Vierkant-Stängel. Ihre Blätter und Blütenkelche stehen, in Quirlen organisiert und in Etagen angeordnet, rund um den Stängel.

IN DER KÜCHE

Die ganze Pflanze lässt sich in Smoothies, grünen Aperitifen, Kräuterpasten & Co. verwenden. Einzelne Blätter passen wunderbar in eine Salatmischung oder können zu einer Gemüsebeilage verkocht werden. Die süßlichen Blüten sind eine feine und zarte Dekoration für Cocktails, Desserts oder auch herzhafte Gerichte.

GESCHMACK

Blätter und Stängel schmecken herb-aromatisch. Die ganze Pflanze, mit etwas Wasser oder Saft püriert und durch ein Sieb gegossen, ergibt eine herrlich frischgrüne Getränkegrundlage. Die zarten Blüten sind im Geschmack süßlich, was Bienen besonders zu schätzen wissen.

INHALTSSTOFFE, WIRKUNG & HEILKRAFT

Taubnesseln enthalten Saponine, Schleimstoffe, Gerbstoffe und ätherische Öle. Traditionell wird vor allem die Weiße Taubnessel als Frauenheilpflanze geschätzt. Außerdem wird sie aufgrund ihrer Schleimstoffe gegen Reizhusten und gereizte Schleimhäute eingesetzt.

Vogelmiere

AUCH: HÜHNERDARM

Wer jungen Mais mag, liebt die Vogelmiere. Das aromatische Salatkraut glänzt mit feiner Textur und ungeahnten Möglichkeiten.

WO ZU FINDEN?

Die Haupterntezeit der hübschen Vogelmiere ist im Frühjahr und Herbst, da sie gemäßigte Temperaturen bevorzugt. Trotzdem findet man sie ganzjährig und oft in großen Verbänden. Sie besiedelt gern freie sandige Flächen und kriecht an Hauswänden entlang, aber auch auf saftigen Wiesen ist sie massenhaft zu finden. Je nach Standort ist sie unterschiedlich saftig, und auch die Blattgröße hängt sehr von der ihr verfügbaren Feuchtigkeit ab.

MERKMALE & VERWECHSLUNGSGEFAHR

Der volkstümliche Name Hühnerdarm weist schon auf ein gutes Erkennungsmerkmal hin: Wenn man einen Stängel zerreißt, dann bricht als Erstes die äußere Hülle und gibt den Blick frei auf den inneren Teil des Stängels, den „Hühnerdarm". Vor der Blüte und dem Aussamen ist die Pflanze üppig grün und sehr zart in ihrer Struktur. Später wird der Stängel rötlicher und die ganze Pflanze etwas zäher. Am Stängel entlang sprießen helle Härchen, und die kleine Blüte sieht aus wie ein zarter, weißer Stern.Vogelmiere kann mit anderen Mieren verwechselt werden, die jedoch zu zäh sind für den kulinarischen Genuss.

IN DER KÜCHE

Die ganze Vogelmiere ist essbar, und an einem guten Standort kann man direkt mit der Schere ganze Kissen von Pflanzen ernten. Im unteren Teil der weit verzweigten Vogelmiere sitzen oft welke Blättchen, die man vor dem Verzehr abstreifen sollte. Für Salate schneidet man die Vogelmiere mit der Schere etwas klein oder gibt sie, wenn sie noch sehr zart ist, im Ganzen in die Schüssel. Suppen verleiht sie eine feine, grüne und milde Basis, und für jede Art von Kräuterpaste, Pesto oder Grüne Sauce ist sie eine enorme Bereicherung.

GESCHMACK

Die einen finden die Vogelmiere schmeckt wie junger Mais, andere Wildesser erinnert ihr Geschmack eher an Erbsen. Hinzu kommt ihre feine Textur, die sie zu einer hervorragenden Salatpflanze macht Sie wird niemals bitter, wie so viele andere Wildpflanzen im Laufe ihres Pflanzenlebens.

INHALTSSTOFFE, WIRKUNG & HEILKRAFT

Die Vogelmiere ist sehr reich an Vitamin C und anderen Vitaminen. Außerdem enthält sie Zink, Mineralien und ätherische Öle, aber auch Saponine und Cumarine. Wegen ihres Gehalts an Oxalsäure sollte man vom ständigen Verzehr großer Mengen absehen.

Wiesen-Salbei

Der wilde Verwandte des kultivierten Dauerbrenners liefert viele süße, tief-lila Blüten für allerlei Delikates.

WO ZU FINDEN?

Die hohe Salbei-Art mit der langen Blütenkerze bevorzugt magere Wiesen mit kalkreichem Boden sowie Dämme, Böschungen und Wegränder. Wichtig ist dem Wiesen-Salbei vor allem ein sonniger Standort.

MERKMALE & VERWECHSLUNGSGEFAHR

Die recht großen Blätter des Wiesen-Salbeis wachsen als Grundrosette und sehen denen ihres berühmten Bruders, dem Echten Medizin-Salbei, ähnlich, obwohl sie viel runzeliger, dunkler, weniger behaart und am Blattrand etwas ausgefranster sind. Ihr Geruch beim Zerreiben ist leicht salbeiartig. Die dunkellila Lippenblüte besitzt eine helmartig gewölbte Blütenkrone. Verwechseln kann man den Wiesen-Salbei mit anderen krautig wachsenden Salbei-Arten, die aber alle essbar sind.

IN DER KÜCHE

Wild gesammelt, sollte man die Blätter natürlich gut waschen, allerdings verlieren sie wie alle Lippenblütler etwas Aroma ans Waschwasser. Die Blüten möglichst nicht waschen, da sie ihre Süße verlieren, wenn der Nektar ausgespült wird, außerdem können sie durch das Wasser matschig werden. Am besten an sauberen Orten sammeln. Verwenden kann man die Blätter des Wiesen-Salbeis wie die des Echten Salbeis: Zum Herstellen von Limonaden, angeröstet zu Pasta, im Teig ausgebacken als Apéro, zum Aromatisieren von Likör, Öl, Essig, Wein und Co.
Die recht großen Blüten des Wiesen-Salbeis sind eine Zierde für Desserts, Herzhaftes, Getränke und können in bunte Blütenzucker eingearbeitet werden, da sie ihre schöne Farbe gut abgeben.

GESCHMACK

Geschmacklich sind die Blätter etwas milder als die des Echten Salbeis. Die schönen Blüten haben einen delikaten Duft sowie einen zart-süßlichen Geschmack.

INHALTSSTOFFE

Die vielfältigen Heilwirkungen des Echten Salbeis sind altbekannt: Adstringierend, antibakteriell, desinfizierend, außerdem hemmt er Pilze und Viren. Dieses weite Spektrum verdankt er vor allem seinem ätherischen Öl, den Harzen, Gerb- und Bitterstoffen sowie Saponinen. Auch östrogenartige Stoffe sind mit dabei. Der Wiesen-Salbei hat ein ganz ähnliches Profil, nur ist es bei ihm deutlich schwächer ausgeprägt.
Wichtig: Schwangere und Menschen, die epileptische Neigungen haben, sollten Zubereitungen aus Salbei nur in Maßen zu sich nehmen.

Wilde Rauke

AUCH: RUCOLA, SCHMALBLÄTTRIGER DOPPELSAME

Oft unerkannt außerhalb des Supermarkts: Vor allem in Städten wächst der beliebte scharfe Salat ganz ungestüm.

WO ZU FINDEN?

Was der Volksmund als Wilde Rauke oder Wilden Rucola bezeichnet, ist in der Regel der Schmalblättrige Doppelsame, der als Rucola-Salat in den Läden verkauft wird. Er wächst gern an Wegen, auf Schutt und Brachland in der Gesellschaft anderer „Unkräuter" und liebt Sonne und Wärme.

MERKMALE & VERWECHSLUNGSGEFAHR

Die Wilde Rauke besitzt ganz typische, gezähnte Blätter, die an die des Löwenzahns erinnern. Ihre duftenden, hellgelben Blüten beginnen im Sommer wie wild zu blühen. Sie wächst als aufrechte Pflanze mit mehreren, am Grund verholzten Stängeln.
Der scharfe, senfartige Geruch und die typische Blattform des berühmten Salats machen eine Verwechslung im Prinzip unmöglich.

IN DER KÜCHE

Die Wilde Rauke ist im Unterschied zu ihren gezüchteten Brüdern sehr scharf, was ihre Blätter zur perfekten Würze von Salaten, Pasta, Pesto und Frischkäse macht. Da sie oft an Weg- und Straßenrändern zu finden ist, muss sie vor der Verarbeitung gründlich von Straßenstaub und anderen Umweltkeimen gereinigt werden.

GESCHMACK

Die zahlreichen Blüten und Blütenknospen haben einen wunderbar duftig-scharfen Geschmack und eignen sich für jede Art von Blüten-Topping, aber auch zum Einlegen. Auch die Samen sind schön scharf und daher perfekt geeignet zum Würzen von Salatsaucen, als wilde Senfpaste sowie als Keimsaat.

INHALTSSTOFFE, WIRKUNG & HEILKRAFT

Die Wilde Rauke enthält sehr viele Senföl-Glycoside, die durch ihre antibaktierielle, viren- und pilzhemmenden Eigenschaften den Darm stärken und außerdem helfen, Atem- und Harnwegsinfekte in Schach zu halten.
Frisch verzehrt, ist der Wilde Rucola außerdem eine reiche Vitaminquelle.

Wunderlauch

AUCH: BERLINER BÄRLAUCH, SELTSAMER LAUCH

Der seltsame schmale Bärlauch ist inzwischen zum Bärlauch der Berliner geworden. Und er ist wie die Stadt: bisschen chaotisch, heißgeliebt und äußerst lecker.

WO ZU FINDEN?

Wie echter Bärlauch verbreitet sich der Wunderlauch teppichartig an schattigen Standorten, meist in lichten Wäldern und an Uferböschungen. Seine Vegetationszeit beginnt ebenfalls im zeitigen Frühling und endet zu Beginn des Sommers mit dem Absterben der Blätter. In Berlin und Brandenburg scheint sich der Einwanderer aus dem Kaukasus so wohl zu fühlen, dass die Hauptstädter ihn direkt für sich vereinnahmt haben: mit Volksnamensgebung und massiven Sammelaktionen.

MERKMALE & VERWECHSLUNGSGEFAHR

Im Unterschied zum Bärlauch ist das Blatt des Wunderlauchs weit schmaler und sein Geruch eher zwiebelig. Die Blüte ist ein hängendes Glöckchen, das aus einem Nest mit bis zu 20 Brutzwiebelchen regelrecht hervorspringt und stark an Schnee- und Maiglöckchen erinnert. Der Stiel ist klar dreikantig und unbeblättert. Die Verwechslungsgefahr mit giftigen Waldbewohnern wie Herbstzeitlose, Aronstab und Maiglöckchen, die teils zeitgleich austreiben, ist beim Wunderlauch geringer, wenn man sich seine Merkmale zusammenfassend anschaut: Schmales Blatt mit zarter Struktur, besondere Blüte mit Brutzwiebeln, Zwiebel-Knoblauch-Geruch. Aber Achtung: Wer noch unsicher ist, sollte sich jemanden mitnehmen, der Erfahrung in der Bestimmung hat.

IN DER KÜCHE

Wichtig bei kulinarischer Verwendung: Gründlich waschen, da die Pflanzen nur 20–30 Zentimeter über dem Boden wachsen und somit Verunreinigungen durch Erde und Kot möglich sind. Nach dem Ausspülen von Erde und Sand den Wunderlauch gern nochmals in einer Natronlauge (2 Teelöffel auf 1 Liter klares Wasser) für eine halbe Stunde wässern. Wie beim echten Bärlauch kann man Blätter, Blüten, Samenstände und die ausgegrabene Zwiebel (nach der Vegetationszeit) verwenden.

GESCHMACK

Die lauchig-zwiebelige Tendenz lässt den Wildkoch geschmacklich mehr in Richtung Zwiebel, Frühlingszwiebel und Lauch denken, aber natürlich ist der Wunderlauch auch für Pesto, Würzsaucen, Aromaöl, Tempura-Teige und Ähnliches bestens geeignet.

INHALTSSTOFFE, WIRKUNG & HEILKRAFT

Voll mit tollen Inhaltsstoffen, die immunstärkend, stark entgiftend, darmstärkend und blutdrucksenkend wirken: ätherische Öle, Senfölglykoside, Vitamin C und wichtige Mineralstoffe.

Die Rezepte

*Von Wilden Kleinigkeiten &
Drinks über Grüne Sattmacher
bis zu Keksen & Kaffee*

Brennnessel-Tempura

Ein leckerer einfacher Starter oder süße Kleinigkeit.

FÜR: 2 PERSONEN

• *Zubereitungszeit: 10 Min.* •
• *Koch-/Backzeit: 10–15 Min.* •

125 G MEHL (TYPE 405)

50 G SPEISESTÄRKE

1/2 PCK. BACKPULVER

1 EI

1 PRISE SALZ

250 ML SEHR KALTES WASSER

PFLANZENÖL ZUM FRITTIEREN
(Z. B. SONNENBLUMEN- ODER RAPSÖL)

2 HANDVOLL BRENNNESSELBLÄTTER

1 TL PUDERZUCKER

ZUBEREITUNG

• 1 •

Mehl, Stärke und Backpulver in einer großen Schüssel mischen. Das Ei, eine Prise Salz und etwas Wasser hinzufügen und mit dem Schneebesen verrühren. Sollte die Mischung zu fest sein, etwas mehr Wasser hinzufügen.

• 2 •

Das Öl auf 180 °C erhitzen. Die Brennnesselblätter in den Tempura-Teig dippen und im heißen Öl ausbacken. Das geht sehr schnell, also Schöpfkelle bereithalten. Die Blättchen aus dem Öl fischen und auf einem mit Küchenpapier ausgelegten Teller abtropfen lassen. Mit Puderzucker bestäuben.

Hinweis: Die Brennnesselblättchen piksen nach dem Frittieren nicht mehr und begeistern mit ihrem interessanten Eigengeschmack.

Borretsch-Gazpacho mit Buttermilch

Ach der Borretsch … ohne diese traumhaft gurkigen Blüten geht es einfach nicht mehr. Ich hoffe, der wächst auch auf dem Balkon.

FÜR: 2 PERSONEN

• *Zubereitungszeit: 10 Min.* •
• *Ruhezeit: 30 Min.* •

4 HANDVOLL BORRETSCH (CA. 50 G)

4 FRÜHLINGSZWIEBELN

1/2 KNOBLAUCHZEHE

1 TL ZUCKER

300 ML KALTE BUTTERMILCH

30 ML OLIVENÖL

1/2 TL SALZ

1 SPRITZER ZITRONE

2 EL JOGHURT

ZUBEREITUNG

• 1 •
Borretsch und Frühlingszwiebeln waschen, trocknen und grob zerteilen. Den Knoblauch schälen.

• 2 •
Alle Zutaten bis auf den Joghurt in einen Messbecher geben und mit dem Pürierstab fein pürieren. 30 Minuten im Kühlschrank kalt stellen.

• 3 •
Die Gazpacho in tiefe Teller füllen und mit jeweils einem Klecks Joghurt servieren.

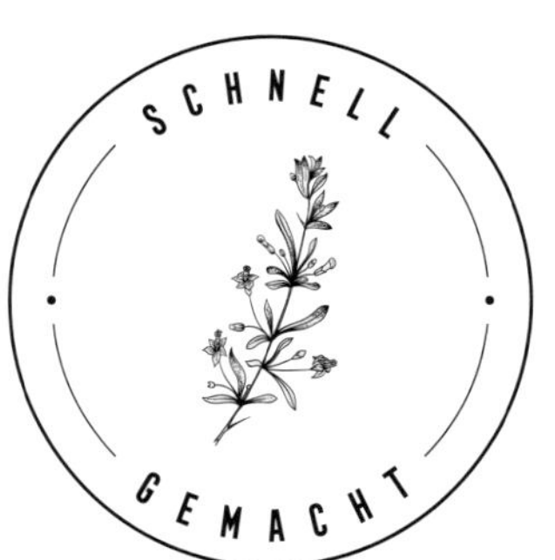

Geröstete Karotten mit Minzsauce

Wie ein Stückchen England auf dem Teller.
Besonders königlich wird's mit Minzblüten als Deko.

FÜR: 2 PERSONEN

• *Zubereitungszeit: 10 Min.* •
• *Koch-/Backzeit: 45 Min.* •
• *Ruhezeit: 5 Min.* •

600 G KAROTTEN MIT GRÜN

1 EL SONNENBLUMENÖL

SALZ

Für die Minzsauce:

1 HANDVOLL MINZEBLÄTTER

4 EL KOCHENDES WASSER

1 PRISE SALZ

3 EL WEISSWEINESSIG, MILD

1 TL ZUCKER

2 EL OLIVENÖL

ZUBEREITUNG

• 1 •

Den Backofen auf 180 °C (Ober-/Unterhitze) vorheizen. Die Karotten waschen, schälen und das Grün stutzen. Große Karotten halbieren oder vierteln. Ein Backblech mit Backpapier auslegen und die Karotten darauf verteilen. Mit Sonnenblumenöl beträufeln und mit Salz bestreuen, dann im Ofen (Mitte) 45 Minuten goldbraun rösten.

• 2 •

Die Minzeblätter fein hacken, das kochende Wasser darübergießen und 5 Minuten ziehen lassen. Dann in einen Blitzhacker geben und die übrigen Zutaten hinzufügen. Zu einer feinen Sauce pürieren und über die noch warmen Karotten träufeln.

Löwenzahn-Pommes & Brunnenkresse-Ketchup

FÜR: 2 PERSONEN

• *Zubereitungszeit: 10 Min.* •
• *Koch-/Backzeit: 20–30 Min.* •

120 G LÖWENZAHNWURZELN, GEPUTZT
2 EL ZUCKER
1 EI
75 G PANIERMEHL
150 ML SONNENBLUMENÖL ZUM FRITTIEREN
SALZ

ZUBEREITUNG

• 1 •
Die Löwenzahnwurzeln gründlich waschen und je nach Größe 10–15 Minuten mit Zucker weich kochen. Die Wurzeln abgießen und kurz abkühlen lassen.

• 2 •
Das Ei aufschlagen, verquirlen und ebenso wie das Paniermehl auf Teller geben. Die Wurzeln durch das Ei ziehen und im Paniermehl wenden. Das Öl in einer Pfanne erhitzen und die Löwenzahnwurzeln darin knusprig ausbacken. Auf Küchenpapier abtropfen lassen und je nach Geschmack mit Salz verfeinern.

FÜR: 1 FLASCHE KETCHUP À 450 ML

• *Zubereitungszeit: 20 Min.* •
• *Koch-/Backzeit: 35 Min.* •

500 G KLEINE EIERTOMATEN
3 TL OLIVENÖL
1/2 ZWIEBEL
1 KNOBLAUCHZEHE
2 EL ZUCKER
4 EL WEISSWEINESSIG, MILD
50 G BRUNNENKRESSE, GEWASCHEN UND VERLESEN
SALZ

ZUBEREITUNG

• 1 •
Den Backofen auf 200 °C (Ober-/Unterhitze) vorheizen. Die Tomaten waschen, halbieren und die Kerne herauslösen. Die Hälften in eine Auflaufform geben, mit einem Teelöffel Olivenöl beträufeln und 30 Minuten backen.

• 2 •
Zwiebel und Knoblauch schälen, fein würfeln und in einem Teelöffel Olivenöl goldbraun anbraten. Zucker und Essig hinzufügen und rühren, bis sich der Zucker aufgelöst hat.

• 3 •
Alles mit dem übrigen Olivenöl in einen hohen Becher füllen und zusammen mit der Brunnenkresse pürieren. Abschmecken und abkühlen lassen.

Löwenzahnsalat mit karamellisierten Mirabellen und Crunch

FÜR: 2 PERSONEN

• *Zubereitungszeit: 15 Min.* •
• *Koch-/Backzeit: 5–10 Min.* •

100 G LÖWENZAHN

300 G MIRABELLEN

2 EL BUTTER

2 EL ZUCKER

1 EL OLIVENÖL

SALZ, PFEFFER

1 SPRITZER ZITRONENSAFT

2 GEH. EL HAFERFLOCKEN, ZARTBLATT

3 EL SONNENBLUMENKERNE

1 PRISE SALZ

1 EL HONIG

ZUBEREITUNG

• 1 •

Den Löwenzahn waschen, trocknen und in kleine Stücke schneiden. Die Mirabellen waschen und entsteinen. Einen Esslöffel Butter in einer Pfanne erhitzen und die Früchte darin 2 Minuten anbraten. Den Zucker hinzufügen und die Mirabellen darin karamellisieren.

• 2 •

Die Früchte aus der Pfanne nehmen. Das übrige Karamell mit Olivenöl, Salz und Pfeffer zu einem Dressing verrühren und mit Zitronensaft abschmecken.

• 3 •

Haferflocken und Sonnenblumenkerne in einer Pfanne ohne Fett anrösten, bis sie Farbe bekommen. Die übrige Butter, Salz und den Honig hinzufügen und unter Rühren knusprig rösten.

• 4 •

Löwenzahn, Mirabellen und Dressing in einer Schüssel mischen und den Crunch darüberstreuen.

Karottensuppe mit Kornblumenblüten

FÜR: 2-4 PERSONEN

• *Zubereitungszeit: 15 Min.* •
• *Koch-/Backzeit: 30 Min.* •

1 KLEINE ZWIEBEL

1 KNOBLAUCHZEHE

175 G KARTOFFELN

500 G KAROTTEN

1 EL BUTTER

500 G GEMÜSEBRÜHE

75 ML SCHLAGSAHNE

SALZ, PFEFFER

1 HANDVOLL KORNBLUMENBLÜTEN

ZUBEREITUNG

• 1 •

Zwiebel und Knoblauch schälen und fein würfeln. Kartoffeln und Karotten schälen und in kleine Stücke teilen. Die Butter in einem Topf erhitzen und alles darin 5 Minuten unter Rühren anschwitzen.

• 2 •

Mit Gemüsebrühe auffüllen und geschlossen 25 Minuten köcheln lassen. Die Suppe fein pürieren und die Schlagsahne hinzufügen. Erneut kurz aufkochen lassen und mit Salz und Pfeffer abschmecken.

• 3 •

Auf Teller oder Schälchen aufteilen und mit den Kornblumen garnieren.

Taubnessel-Chips & Borretsch-Smash

VEGAN

CHIPS FÜR: 2 PERSONEN

• *Zubereitungszeit: 5 Min.* •
• *Koch-/Backzeit: 5 Min.* •

200 ML SONNENBLUMENÖL ZUM FRITTIEREN

2 HANDVOLL TAUBNESSELN

GROBES MEERSALZ

ZUBEREITUNG

• 1 •
Das Sonnenblumenöl in einem Topf erhitzen. Die Blätter von den Stängeln der gewaschenen und getrockneten Taubnessel zupfen.

• 2 •
Die Blätter in das heiße Öl geben und kurz (2–3 Sekunden) frittieren. Mit einer Schöpfkelle aus dem Topf nehmen und auf Küchenpapier abtropfen lassen. Mit Salz bestreuen und servieren.

Schürze an: Die zarten Taubnesselblätter enthalten viel Wasser und können beim Frittieren spritzen.

SMASH FÜR: 2 PERSONEN

• *Zubereitungszeit: 5 Min.* •
• *Koch-/Backzeit: 5 Min.* •

80 ML ZITRONENSAFT

30 G ZUCKER

2 HANDVOLL (CA. 20 G) BORRETSCH

40 ML WODKA

1 HANDVOLL ZERSTOSSENES EIS

ZUBEREITUNG

• 1 •
Zitronensaft, Zucker und 80 ml Wasser in einen Topf geben und kurz aufkochen, bis sich der Zucker aufgelöst hat. Beiseitestellen und abkühlen lassen.

• 2 •
Abgekühlten Sirup und Borretsch im Blitzhacker mixen. Den Sirup-Mix in einen Cocktail-Shaker (oder großes Schraubglas) geben, den Wodka und das Eis hinzufügen und kräftig schütteln. Auf 2 Gläser verteilen und servieren.

Wilde Giersch-Focaccia

Hier kann man sich richtig austoben und alle grünen Freunde mitspielen lassen.

FÜR: 2 PERSONEN

- *Zubereitungszeit: 20 Min.*
- *Koch-/Backzeit: 25–30 Min.*
- *Ruhezeit: 1 Std.*

12 G FRISCHE HEFE

1 TL ZUCKER

250 G MEHL (TYPE 405)

10 G HARTWEIZENGRIESS

1 GESTR. TL SALZ

25 ML OLIVENÖL, PLUS 2 EL ZUM VERARBEITEN

1 HANDVOLL GIERSCH UND ANDERE WILDKRÄUTER

1 PRISE GROBES SALZ

ZUBEREITUNG

• 1 •

Die Hefe in 160 ml lauwarmem Wasser auflösen. Zucker unterrühren und 10 Minuten gehen lassen. Mehl, Hartweizengrieß, Salz und Olivenöl in eine Schüssel geben. Die Hefe-Mischung hinzufügen und zu einem Teig verarbeiten. Den Teig kneten, bis er nicht mehr klebrig ist.

• 2 •

Etwas Olivenöl in einer Schüssel verteilen, den Teig darin rollen und anschließend abgedeckt an einem warmen Ort 1 Stunde gehen lassen.

• 3 •

Den Ofen auf 200 °C (Ober-/Unterhitze) vorheizen. Etwas Olivenöl auf einem Backblech verteilen. Den Teig mit den Fingerspitzen gleichmäßig darauf ausbreiten – nicht ausrollen.

• 4 •

Den Giersch und die Wildkräuter waschen und trocknen. Die Focaccia mit den Kräutern belegen und im Ofen (Mitte) 25–30 Minuten backen. Abkühlen lassen und mit grobem Salz bestreuen.

Grillzwiebeln mit Wunderlauch-Dip

Wenn der Wunderlauch sprießt, sind die Abende auch schon wieder warm genug zum Grillen oder für ein Lagerfeuer. Die Zwiebeln einfach in Alufolie einwickeln und direkt in der Glut rösten.

FÜR: 2 PERSONEN

• *Zubereitungszeit: 20 Min.* •
• *Koch-/Backzeit: 45 Min.* •

6 MITTELGROSSE ZWIEBELN

1 EL SONNENBLUMENÖL

Für den Wunderlauch-Dip:

80 G WUNDERLAUCH

70 ML OLIVENÖL, MILD

50 G SONNENBLUMENKERNE

1 PRISE SALZ

4 EL JOGHURT

ZUBEREITUNG IM OFEN

• 1 •
Den Backofen auf 220 °C (Ober-/Unterhitze) vorheizen. Die Zwiebeln in eine Backform geben, das Sonnenblumenöl darübergeben und die Zwiebeln im Öl wenden. Im Ofen (Mitte) 45 Minuten backen.

• 2 •
Für den Dip den Wunderlauch waschen, trocknen und grob zerteilen. Mit Olivenöl, Sonnenblumenkernen und einer Prise Salz im Blitzhacker grob pürieren. 4 Teelöffel Wunderlauch-Dip mit 4 Esslöffeln Joghurt vermischen.

• 3 •
Die Zwiebeln aus dem Ofen nehmen, halbieren und mit dem Wunderlauch-Dip servieren.

Tipp: Wunderlauch wächst vor allem in Berlin und Umgebung. Wer ein Stückchen weiter weg pflückt und kocht, kann selbstverständlich Bärlauch verwenden.

Gefüllte Zucchini mit Spitzwegerich und Trauben

FÜR: 2 PERSONEN

• *Zubereitungszeit: 10–15 Min.* •
• *Koch-/Backzeit: 50–60 Min.* •

1 ZWIEBEL

150 G JUNGE SPITZWEGERICHBLÄTTER

140 G DUNKLE TRAUBEN

2 TL WALNUSSÖL

3 GEH. EL SAURE SAHNE

SALZ, PFEFFER

4 KLEINE, RUNDE ZUCCHINI

ZUBEREITUNG

• 1 •

Den Backofen auf 200 °C (Ober-/Unterhitze) vorheizen. Die Zwiebel schälen und fein würfeln. Den Spitzwegerich waschen, trocknen und verlesen. Große Blätter klein schneiden. Die Trauben waschen, und wenn sie sehr groß sind, halbieren.

• 2 •

Das Walnussöl in einer Pfanne erhitzen und die Zwiebelwürfel darin 5 Minuten anschwitzen. Den Spitzwegerich hinzufügen und zusammenfallen lassen. Die Pfanne vom Herd nehmen und Trauben und saure Sahne hinzufügen. Alles vermengen und mit Salz und Pfeffer würzen.

• 3 •

Von den Zucchini einen Deckel abschneiden und das Innere mit einem kleinen Löffel aushöhlen. Dann die Zucchini mit der Spitzwegerich-Mischung füllen und in eine Auflaufform setzen. Die Deckel auflegen und das übrige Walnussöl darüberträufeln. Im Ofen (Mitte) 40–50 Minuten backen.

Tipp: Passt auch super als Füllung zu kleinen Kürbissen oder Äpfeln.

Rotklee-Pesto

Passt super zu Ofengemüse, Salaten oder ganz klassisch zu Pasta. Das Rezept funktioniert natürlich auch mit allen anderen Kleesorten.

FÜR: 2 PERSONEN

• *Zubereitungszeit: 5 Min.* •

30 G ROTKLEEBLÜTEN

15 G SONNENBLUMENKERNE

1/2 KNOBLAUCHZEHE

15 G PARMESAN

75 ML OLIVENÖL, MILD

1 TL HONIG

1 EL ZITRONENSAFT

SALZ, PFEFFER

ZUBEREITUNG

• 1 •
Alle Zutaten in einem Blitzhacker oder mit einem Mörser zermahlen und vermischen.

• 2 •
Mit Salz und Pfeffer abschmecken.

Rauke-Butter

Butter aus dem Schüttelglas – das kennt in Bayern wohl jedes Kind. Als Berliner Gewächs war ich doch einigermaßen beeindruckt. Danke Julia für die super Idee und perfekte Kombination mit der Wilden Rauke.

FÜR: 2 BUTTERBROTE

• *Zubereitungszeit: 10 Min.* •

100 ML SCHLAGSAHNE

3 STÄNGEL RAUKE

1 PRISE SALZ

ZUBEREITUNG

• 1 •

Die Schlagsahne in ein Schraubglas geben, gut verschließen und kräftig schütteln.

• 2 •

Nach 1–2 Minuten wird die Schlagsahne fest und trennt sich nach etwa 1–2 weiteren Minuten Schütteln in Butter und Buttermilch.

• 3 •

Die Rauke waschen, trocknen und fein hacken. Die Buttermilch abgießen und die Butter mit Rauke und Salz vermengen.

Brunnenkresse-Flädle-Suppe

FÜR: 2 PERSONEN

• *Zubereitungszeit: 20 Min.* •
• *Koch-/Backzeit: 35–40 Min.* •

1 BUND SUPPENGRÜN

800 ML GEMÜSEBRÜHE

75 G MEHL (TYPE 405)

125 G MILCH

2 EIER (M)

SALZ, PFEFFER

1 EL BUTTER

60 G BRUNNENKRESSE

ZUBEREITUNG

• 1 •
Das Suppengrün putzen und in kleine Stücke schneiden. Die Gemüsebrühe und das Suppengrün in einen Topf geben und zugedeckt 30 Minuten köcheln lassen.

• 2 •
Mehl, Milch und Eier zu einem Teig verquirlen. Mit Salz und Pfeffer würzen. Butter in einer Pfanne erhitzen und aus dem Teig zwei Eierkuchen backen. Die Eierkuchen zusammenrollen und in dünne Streifen (Flädle) schneiden.

• 3 •
Die Brunnenkresse waschen und verlesen. Die Suppe durch ein Sieb abgießen und die klare Brühe auffangen. Flädle und Brunnenkresse in tiefe Teller geben und mit Brühe aufgießen.

Ziegenkäse-Gundermann am Stiel

Oft sind die besten Rezepte die einfachsten. Dieses zählt auf jeden Fall dazu. Mit einem kalten Bier – der perfekte Feierabend-Snack.

FÜR: 2 PERSONEN ALS KLEINER SNACK

• *Zubereitungszeit: 5 Min.* •
• *Koch-/Backzeit: 3–4 Min.* •

60 G HARTER ZIEGENKÄSE

10 STARKE GUNDERMANNBLÄTTER MIT LANGEM STIEL

ZUBEREITUNG

• 1 •
Den Backofen auf 200 °C (Ober-/Unterhitze) vorheizen und ein Backblech mit Backpapier auslegen.

• 2 •
Den Ziegenkäse reiben und 10 kleine, lockere Käsekreise auf dem Backpapier verteilen. Je ein Blatt Gundermann auf ein Käsehäufchen legen und im Ofen (Mitte) 3–4 Minuten goldbraun backen.

Rote-Bete-Pflaumen-Süppchen mit Vogelmiere

Etwas unscheinbar, mit zarten grünen Stängelchen und kleinen weißen Blüten, das ist die Vogelmiere. Aber geschmacklich ist sie ganz groß und das i-Tüpfelchen auf dem Süppchen.

FÜR: 2 PERSONEN ALS KLEINER SNACK

• *Zubereitungszeit: 15 Min.* •
• *Koch-/Backzeit: 20 Min.* •

400 G FRISCHE ROTE BETE (CA. 2 GROSSE KNOLLEN)

1 KNOBLAUCHZEHE

1 KLEINE ZWIEBEL

2 EL OLIVENÖL

75 G PFLAUMEN

500 ML GEMÜSEBRÜHE

SALZ, PFEFFER

2 HANDVOLL VOGELMIERE

2 TL SAURE SAHNE

ZUBEREITUNG

• 1 •

Die Rotebete schälen und in schmale Streifen schneiden. Knoblauch und Zwiebel schälen und fein würfeln. Das Olivenöl bei mittlerer Hitze in einem Topf erwärmen und Rote-Bete-Streifen, Knoblauch und Zwiebeln darin 5 Minuten anbraten.

• 2 •

Die Pflaumen halbieren, die Steine entfernen und dann in kleine Stücke schneiden. Die Pflaumenstückchen mit der Gemüsebrühe in den Topf geben und geschlossen 20 Minuten köcheln lassen.

• 3 •

Die Hälfte des Gemüses aus dem Topf nehmen und den Rest fein pürieren. Mit Salz und Pfeffer abschmecken und das übrige Gemüse zurück in den Topf geben. Die Suppe etwas abkühlen lassen. Die Vogelmiere waschen, trocknen und verlesen. Die Suppe in Teller füllen, je eine Handvoll Vogelmiere auf die Suppe geben und mit einem Klecks saure Sahne servieren.

Borretsch-Gurken-Salat mit gerösteten Haselnüssen

Rezepte wurden bei uns häufig in großer Runde getestet und diskutiert. So ist dieses hier entstanden: Danke Uli – es ist köstlich!

FÜR: 2 PERSONEN

• *Zubereitungszeit: 10 Min.* •
• *Ruhezeit: 1 Std.* •

1 SALATGURKE

SALZ

60 G BORRETSCH, BLÜTEN UND BLÄTTER

1 FRÜHLINGSZWIEBEL

120 G JOGHURT (3,8 % FETT)

1 EL ZITRONENSAFT

1 TL OLIVENÖL

SALZ UND PFEFFER

2 TL HASELNUSSKERNE, GEHACKT UND GERÖSTET

ZUBEREITUNG

• 1 •
Die Gurke mit der Küchenreibe in dünne Scheiben raspeln. Die Gurkenraspel in ein Sieb geben und mit Salz bestreuen. 1 Stunde beiseitestellen.

• 2 •
Borretsch waschen und trocknen. Die Blüten abzupfen und die Blätter fein in kleine Stücke hacken. Die Frühlingszwiebel waschen und in dünne Ringe schneiden. Beides mit Joghurt, Zitronensaft und Olivenöl vermischen und mit Salz und Pfeffer würzen.

• 3 •
Die Gurken-Raspel abbrausen, leicht ausdrücken und mit den übrigen Zutaten vermengen. Mit Haselnusskernen bestreuen, anrichten und loslöffeln.

Kohlrabi-Klee-Süppchen mit Molke

Dieses Rezept haben Julia und Nikolas von einem Wochenende auf der Alm mitgebracht, und genauso schmeckt es auch: frisch und herzhaft zugleich.

FÜR: 2 PERSONEN

• *Zubereitungszeit: 10 Min.* •
• *Koch-/Backzeit: 25–30 Min.* •

1 KOHLRABI (CA. 400 G)

1 EL BUTTER

1 EL MEHL (TYPE 405)

1 TL KÜMMEL

1 GEH. TL GEMÜSEBRÜHE-BOUILLON

600 ML MOLKE

2 HANDVOLL KLEEBLÄTTER UND -BLÜTEN

SALZ, PFEFFER

ZUBEREITUNG

• 1 •
Den Kohlrabi schälen und in kleine Würfel schneiden. Die Butter in einen Topf geben und die Kohlrabiwürfel darin 5 Minuten anschwitzen.

• 2 •
Das Mehl darüberstreuen und 1 Minute unter Rühren mit anschwitzen. Kümmel, Gemüsebrühe und Molke hinzufügen und geschlossen 25 Minuten köcheln lassen.

• 3 •
Den Klee waschen und trocknen. Die Suppe vom Herd nehmen und mit Salz und Pfeffer abschmecken. Den Klee hinzufügen und sofort servieren.

Kamillen-Erdbeer-Cocktail

Kamille geht nicht nur bei Erkältung, sondern auch auf der Gartenparty.

FÜR: 2 PERSONEN

• *Zubereitungszeit: 15 Min.* •
• *Koch-/Backzeit: 5 Min.* •
• *Ruhezeit: 30 Min.* •

100 ML WASSER

50 G ZUCKER

1 HANDVOLL KAMILLENBLÜTEN, PLUS 2 ZWEIGE KAMILLENGRÜN MIT BLÜTEN

75 G ERDBEEREN

100 ML RHABARBERSAFT

1 HANDVOLL ZERSTOSSENES EIS

150 ML SEKT, TROCKEN

ZUBEREITUNG

• 1 •
Wasser, Zucker und Kamillenblüten aufkochen. Den Topf vom Herd nehmen und 30 Minuten abkühlen lassen. Den entstandenen Sirup durch ein Sieb gießen.

• 2 •
Die Erdbeeren waschen, entkelchen und in kleine Stücke schneiden. Erdbeeren, Rhabarbersaft und Kamillensirup in einen Cocktail-Shaker (oder großes Schraubglas) geben und kräftig schütteln.

• 3 •
Das Eis und die Fruchtmischung in 2 Gläser geben und mit Sekt auffüllen. Mit einem Zweig Kamille servieren.

L15

Kornblumen-Gänseblümchen-Porridge

FÜR: 2 PERSONEN

• *Zubereitungszeit: 5 Min.* •
• *Koch-/Backzeit: 5 Min.* •

1 KLEINER APFEL

12 EL HAFERFLOCKEN, ZARTBLATT

400 ML MILCH (3,8 % FETT)

3 TL HONIG

6 TL GETROCKNETE KORNBLUMENBLÜTEN

2 EL GÄNSEBLÜMCHENBLÜTEN

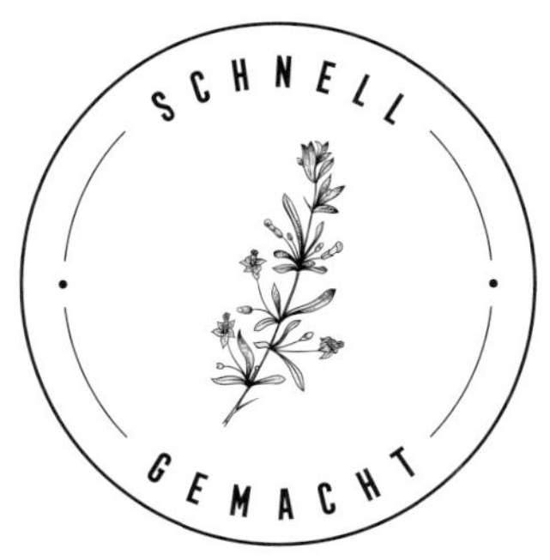

ZUBEREITUNG

• 1 •
Den Apfel schälen, das Kerngehäuse heraustrennen und auf der groben Seite der Küchenreibe raspeln.

• 2 •
Apfelraspel, Haferflocken und Milch in einen Topf geben und unter Rühren köcheln lassen, bis das Porridge die gewünschte Konsistenz hat.

• 3 •
Den Honig und die Kornblumenblüten hinzufügen und unterrühren. In Schüsseln füllen und mit den Gänseblümchenblüten bestreuen.

Tipp: Das leuchtende Blau der Kornblumen einzufangen, geht ganz einfach: Die Pflanzen am Stiel an eine Schnur binden und kopfüber an einem dunklen, gut belüfteten Ort aufhängen und vollständig trocknen lassen. Beste Erntezeit ist zwischen Juni und August.

Klee-Omelette mit Hüttenkäse

FÜR: 2 PERSONEN

• *Zubereitungszeit: 5 Min.* •
• *Koch-/Backzeit: 5–10 Min.* •

6 EIER (M)

SALZ, PFEFFER

2 HANDVOLL KLEEBLÄTTER UND -BLÜTEN

2 EL BUTTER

200 G HÜTTENKÄSE

ZUBEREITUNG

• 1 •

Die Eier in einer Schüssel aufschlagen, verquirlen und mit Salz und Pfeffer würzen.

• 2 •

Den Klee waschen und verlesen. Einen Esslöffel Butter in einer Pfanne (24 cm) bei mittlerer Hitze zergehen lassen und die Hälfte der Eimischung hineingeben. 2 Minuten braten lassen, bis das Ei leicht gestockt, aber in der Mitte noch flüssig ist. Die Hälfte des Hüttenkäses in kleinen Klecksen auf dem Omelette verteilen und mit einer Handvoll Klee bestreuen.

• 3 •

Mit den übrigen Zutaten ein zweites Omelette zubereiten und beide sofort servieren.

Lauchauflauf mit Vogelmiere

FÜR: 2 PERSONEN

• *Zubereitungszeit: 10 Min.* •
• *Koch-/Backzeit: 45–50 Min.* •

3 STANGEN LAUCH (CA. 700 G)

1 EL BUTTER

1 EL MEHL (TYPE 405)

450 ML MILCH

1 TL BRÜHE

SALZ, PFEFFER

50 G GOUDA, GERIEBEN

2 HANDVOLL VOGELMIERE

ZUBEREITUNG

• 1 •

Den Backofen auf 190 °C (Ober-/Unterhitze) vorheizen. Den Lauch waschen, dunkelgrüne harte Enden entfernen. Die Lauchstangen in 15 cm große Stücke teilen. Den Lauch in kochendem Wasser 5–10 Minuten bissfest garen.

• 2 •

Butter in einem Topf zerlassen, das Mehl mit einem Schneebesen einrühren und 1 Minute kochen lassen. Milch und Brühe hinzufügen und weiterköcheln. Dabei konstant mit dem Schneebesen rühren, bis die Mischung angedickt ist. Mit Salz und Pfeffer würzen.

• 3 •

Den Lauch abtropfen und in eine Ofenform geben. Die Sauce darübergießen und mit dem Käse bestreuen. Im Ofen (Mitte) 35–45 Minuten goldbraun backen. Die Vogelmiere waschen und verlesen. Zum Servieren je eine Handvoll Vogelmiere hacken und auf den Lauchauflauf geben.

Tipp: Zu viel Grün für die Jungs? Die Lauchstangen nach dem Kochen mit einer Scheibe Schinken umwickeln, Sauce und Käse darüber und ab in den Ofen.

Reibekuchen mit Brunnenkresse-Pesto und geröstetem Fenchel

FÜR: 2 PERSONEN

• *Zubereitungszeit: 15 Min.* •
• *Koch-/Backzeit: 30–35 Min.* •

1 KLEINE FENCHELKNOLLE (CA. 350 G)
1 EL RAPSÖL
SALZ

Für die Reibekuchen:

350 G KARTOFFELN, VORWIEGEND FESTKOCHEND
1 EI (M)
1 GEH. EL MEHL (TYPE 405)
SALZ
2 EL SONNENBLUMENÖL

Für das Brunnenkresse-Pesto:

25 G SONNENBLUMENKERNE

70 ML OLIVENÖL (ODER ANDERES PFLANZENÖL)

45 G BRUNNENKRESSE,
PLUS EINE HANDVOLL ZUM SERVIEREN

1/2 KNOBLAUCHZEHE

15 G PARMESAN

ZUBEREITUNG

• 1 •

Den Backofen auf 180 °C (Ober-/Unterhitze) vorheizen. Den Fenchel waschen, trocknen und in daumengroße Stücke teilen. Den Fenchel auf ein Backblech geben, Rapsöl darüberträufeln und mit Salz bestreuen. Im Ofen (Mitte) 20 Minuten goldbraun rösten.

• 2 •

Die Kartoffeln waschen, trocknen und mit der Schale auf der groben Seite der Küchenreibe raspeln. Die Kartoffelraspel mit dem Ei und Mehl vermengen und mit Salz würzen. Das Öl in einer Pfanne erhitzen und aus dem Kartoffelteig zwei Reibekuchen backen.

• 3 •

Für das Pesto alle Zutaten in einen Blitzhacker geben und fein pürieren. Die Reibekuchen mit dem Fenchel auf Tellern anrichten und das Pesto darübergeben. Mit der übrigen Brunnenkresse garnieren.

Bunte Tomaten-Tarte mit Dost

Dost ist geschmacklich eine Kombination aus Oregano und Majoran – passt also super zu allem Tomatigen, zu mediterranen oder Fischgerichten.

FÜR: 2–4 PERSONEN

- *Zubereitungszeit: 15 Min.*
- *Koch-/Backzeit: 30–45 Min.*
- *Ruhezeit: 1 Std.*

Für den Boden:

200 G MEHL (TYPE 405),
PLUS EXTRA ZUM AUSROLLEN

1/2 TL SALZ

100 G BUTTER,
PLUS 1 TL ZUM EINFETTEN DER TARTEFORM

3–4 EL KALTES WASSER

Für den Belag:

400 G BUNTE TOMATEN

100 G ZIEGENFRISCHKÄSE

4 ZWEIGE DOST

SALZ, PFEFFER

ZUBEREITUNG

• 1 •

Mehl, Salz und Butter in einer Schüssel mit den Händen zu einem Teig verkneten. Das Wasser löffelweise hinzufügen und einarbeiten, bis ein elastischer Teig entsteht. Den Teig in Frischhaltefolie einschlagen und 1 Stunde im Kühlschrank kalt stellen.

• 2 •

Den Backofen auf 180 °C (Ober-/Unterhitze) vorheizen und die Tarteform (22 cm) einfetten. Die Tomaten waschen, trocknen und in dünne Scheiben schneiden. Den Teig auf einer bemehlten Arbeitsfläche ausrollen, die Tarteform damit auslegen und im Ofen 10 Minuten blind backen. Ziegenfrischkäse auf dem Teig verstreichen und die Tomaten darauflegen.

• 3 •

Den Dost waschen, verlesen und auf der Tarte verteilen. Mit Salz und Pfeffer würzen und im Ofen (Mitte) 25–30 Minuten backen, bis der Boden goldbraun ist.

Sellerieschnitzel mit Dost-Panade und Johannisbeersauce

FÜR: 2 PERSONEN

• *Zubereitungszeit: 15 Min.* •
• *Koch-/Backzeit: 15–20 Min.* •

200 G SELLERIE
1 EI (M)
4 ZWEIGE DOST
40 G PANIERMEHL
20 G GEMAHLENE HASELNUSSKERNE

Für die Johannisbeersauce:

1 KLEINE ZWIEBEL
1 KNOBLAUCHZEHE
1 EL OLIVENÖL
150 G ROTE JOHANNISBEEREN
5 EL BALSAMICOESSIG
2 ZWEIGE DOST
3 EL ZUCKER
SALZ, PFEFFER
100 ML SONNENBLUMENÖL

ZUBEREITUNG

• 1 •
Den Sellerie in zwei dünne Scheiben schneiden (je ca. 100 g) und in Salzwasser 5 Minuten bissfest kochen. Dann aus dem Wasser nehmen, abschrecken und abtropfen lassen. Das Ei auf einem Teller verquirlen. Die Blättchen und Blüten von 4 Zweigen Dost abzupfen und mit Paniermehl und gemahlenen Haselnusskernen vermischen.

• 2 •
Für die Johannisbeersauce Zwiebel und Knoblauch schälen und fein würfeln. Olivenöl in einem Topf erhitzen und beides darin anschwitzen. Die Johannisbeeren von den Rispen streifen, von den übrigen beiden Dostzweigen die Blättchen abstreifen und alles zusammen in den Topf geben. Den Balsamicoessig und den Zucker hinzufügen und geschlossen 5 Minuten köcheln lassen. Mit Salz und Pfeffer abschmecken.

• 3 •
Sonnenblumenöl in einer Pfanne erhitzen und die Sellerieschnitzel auf beiden Seiten goldbraun braten. Auf Küchenpapier abtropfen lassen und mit der Johannisbeersauce servieren.

Gefüllte Dost-Forelle

FÜR: 2 PERSONEN

• *Zubereitungszeit: 5 Min.* •
• *Koch-/Backzeit: 8–10 Min.* •

1 FORELLE, CA. 300 G (Z. B. GOLDFORELLE), KÜCHENFERTIG

SALZ, PFEFFER

1 TL MEHL (TYPE 405)

1/2 UNBEHANDELTE ZITRONE

4 ZWEIGE DOST

1 EL OLIVENÖL

3 EL BUTTER

ZUBEREITUNG

• 1 •
Den Fisch waschen, trocken tupfen und innen mit Salz und Pfeffer würzen. Das Mehl auf einen Teller geben und die Forelle darin rundum wenden. Die Zitrone in Scheiben schneiden und den Fisch mit den Zitronenscheiben und mit 2 Zweigen Dost füllen.

• 2 •
Olivenöl und Butter in einer Pfanne erhitzen und die Forelle von beiden Seiten 4–5 Minuten darin knusprig braten. Den Fisch aus der Pfanne nehmen. Den übrigen Dost zerpflücken, in die Butter geben und kurz anbraten. Die Dost-Butter über den Fisch träufeln und servieren.

Graupen-Risotto mit Wegerichknospen

FÜR: 2 PERSONEN

- *Zubereitungszeit: 15 Min.*
- *Koch-/Backzeit: 25–30 Min.*
- *Ruhezeit: 3 Tage*

1 HANDVOLL JUNGE BREIT- ODER SPITZWEGERICHKNOSPEN

OLIVENÖL, NACH BEDARF

50 G LAUCH

1 KNOBLAUCHZEHE

3 EL BUTTER

150 G PERLGRAUPEN

CA. 750 ML GEMÜSEBRÜHE

3 EL GERIEBENER PARMESAN, PLUS EXTRA ZUM SERVIEREN

ZUBEREITUNG

• 1 •

Die Wegerichknospen in ein Glas geben und mit Olivenöl auffüllen, bis alles gut bedeckt ist. 3 Tage stehen lassen.

• 2 •

Den Lauch waschen und den weißen Teil in dünne Ringe schneiden. Den Rest beiseitelegen und für ein anderes Rezept verwenden. Den Knoblauch schälen und fein hacken. Einen Esslöffel Butter in einem Topf erhitzen und den Lauch und Knoblauch darin anschwitzen. Die Perlgraupen hinzufügen und 2 Minuten unter Rühren mit anschwitzen.

• 3 •

Die Gemüsebrühe nach und nach hinzufügen und die Graupen so in ca. 20 Minuten garen. Dabei gelegentlich umrühren. Wenn die Graupen gar sind, die übrige Butter und den Parmesan hinzufügen und unterrühren. Das Risotto auf Teller verteilen und die Wegerichknospen mit ein wenig des Einlege-Öls darauf verteilen. Mit dem übrigen Parmesan servieren.

Paniertes Ei in Sauerampfersauce

FÜR: 2 PERSONEN

- *Zubereitungszeit: 10 Min.* •
- *Koch-/Backzeit: 10 Min.* •

5 EIER (M)

1 TL MEHL (TYPE 405)

75 G PANIERMEHL

Für die Sauerampfersauce:

1 KLEINE KNOBLAUCHZEHE

100 ML SAURE SAHNE

35 ML MILCH (1,5 %)

1 HANDVOLL SAUERAMPFERBLÄTTER (CA. 40 G)

1 TL WEISSWEINESSIG, MILD

SALZ, PFEFFER

125 ML SONNENBLUMENÖL, ZUM FRITTIEREN

ZUBEREITUNG

• 1 •

4 Eier nach Geschmack hart oder weich kochen, kalt abschrecken und pellen. Das übrige Ei in einem tiefen Teller verquirlen. Mehl und Paniermehl auf zwei weitere Teller geben. Die vier Eier erst im Mehl, dann im Ei und schließlich im Paniermehl wenden, bis sie rundum bedeckt sind.

• 2 •

Die Knoblauchzehe schälen und in einen hohen Messbecher geben. Saure Sahne, Milch und Sauerampfer hinzufügen und pürieren. Mit Essig, Salz und Pfeffer abschmecken.

• 3 •

Das Sonnenblumenöl erhitzen und die Eier darin rundum goldbraun braten. Auf Küchenpapier abtropfen lassen und mit der Sauerampfersauce servieren.

Tipp: Für eine besonders knusprige Panade die Eier ein zweites Mal durch das verquirlte Ei ziehen und im Paniermehl wenden.

Wilder Brotsalat & Wunderlauch-Käse

FÜR: 2 SEHR HUNGRIGE

• Zubereitungszeit: 20 Min. •

550 G TOMATEN, 250 G FELDGURKE
5 FRÜHLINGSZWIEBELN
150 G KRUSTENBROT
1/2 KNOBLAUCHZEHE
50 ML OLIVENÖL, 20 ML ESSIG
SALZ, PFEFFER
60 G WILDE RAUKE
1 HANDVOLL (CA. 15 G) WEGERICHKNOSPEN

ZUBEREITUNG

• 1 •
Das Gemüse waschen und trocknen. Tomaten und Feldgurke in Würfel, die Frühlingszwiebeln in dünne Ringe schneiden. Das Brot in mundgerechte Stücke zupfen.

• 2 •
Die Knoblauchzehe pressen und mit Olivenöl und Essig vermischen. Mit Salz und Pfeffer würzen.

• 3 •
Gemüse und Dressing in einer Schüssel mischen. Rauke und Wegerich verlesen, waschen und zerkleinern. Zum Salat geben und untermengen.

FÜR: 2 PERSONEN ZUM SALAT

• Zubereitungszeit: 10 Min. • Koch-/Backzeit: 5 Min. •
• Ruhezeit: 3 Std. (oder über Nacht) •

1/2 ZITRONE
10 STÄNGEL WUNDERLAUCH
1 L MILCH (3,8 % FETT)
1/2 TL SALZ

ZUBEREITUNG

• 1 •
Die Zitrone auspressen. Den Wunderlauch waschen, trocknen und fein hacken. Die Milch in einen Topf geben und zum Kochen bringen. Sobald die Milch im Topf aufsteigt, Zitronensaft hinzufügen und köcheln lassen, bis sich die Milch in gelbliche Molke und flockige Käsemasse teilt.

• 2 •
Ein feines Sieb mit einem Küchentuch auslegen. Die Käsekrümel in das Sieb gießen und kalt abbrausen. Das Küchentuch eng zusammenbinden und die Flüssigkeit herausdrücken. Salz und Wunderlauch dazugeben und durchmischen.

• 3 •
Den Käse in ein Küchentuch einschlagen, beschweren und 3 Stunden ruhen lassen.

Löwenzahn-Kartoffelsalat

FÜR: 2 PERSONEN

• *Zubereitungszeit: 20 Min.* •
• *Koch-/Backzeit: 10–15 Min.* •
• *Ruhezeit: 15 Min.* •

750 G KARTOFFELN, VORWIEGEND FESTKOCHEND

1/2 TL SALZ

1 SALATGURKE

4 HANDVOLL LÖWENZAHNBLÄTTER

Für das Dressing:

5 EL SONNENBLUMENÖL

4 EL WEISSWEINESSIG

100 ML WARME GEMÜSEBRÜHE

1 TL ZUCKER

1 TL SCHARFER SENF

SALZ, PFEFFER

ZUBEREITUNG

• 1 •
Die Kartoffeln schälen, in kleine Würfel schneiden und in Salzwasser gar kochen (ca. 10 Minuten).

• 2 •
Salatgurke und Löwenzahn waschen und trocknen. Die Gurke in dünne Scheiben raspeln. Die Löwenzahnblätter in kleine Stücke zupfen.

• 3 •
Alle Zutaten für das Dressing in ein Schraubglas geben, verschließen und kräftig schütteln. Mit Salz und Pfeffer abschmecken.

• 4 •
Die Kartoffeln abgießen, das Dressing darübergießen und 15 Minuten durchziehen lassen. Gurke und Löwenzahn hinzufügen und vermengen.

Giersch-Bohnensalat mit Speck

FÜR: 2 PERSONEN

• *Zubereitungszeit: 10 Min.* •
• *Koch-/Backzeit: 10 Min.* •

3 HANDVOLL GIERSCH

250 G GRÜNE BOHNEN

1 PRISE SALZ

1 KLEINE ZWIEBEL (45 G)

100 G DURCHWACHSENER SPECK

ZUBEREITUNG

• 1 •

Den Giersch waschen, verlesen und große Blätter in kleine Stücke zupfen. In eine Schüssel geben und beiseitestellen. Die Bohnen waschen, verlesen und in kleine Stücke schneiden. In einen Topf geben und in Salzwasser 5 Minuten bissfest kochen.

• 2 •

Die Zwiebel schälen und fein würfeln. Den Speck in dünne Streifen schneiden. Beides in eine Pfanne geben und knusprig anbraten. Die Bohnen abgießen und mit in die Pfanne geben. Weitere 2–3 Minuten auf mittlerer Hitze braten.

• 3 •

Den Pfanneninhalt in die Schüssel geben und mit dem Giersch vermengen.

Saure Knödel mit Sauerampfer und Gänseblümchen

Fast so gut wie bei Julias Oma!

FÜR: 2 PERSONEN

- *Zubereitungszeit: 10 Min.*
- *Koch-/Backzeit: 20 Min.*
- *Ruhezeit: 2–3 Std.*

Für Knödel und Garnitur:

250 G ALTBACKENE BRÖTCHEN
200 ML MILCH (3,8 % FETT)
2 EIER (M)
SALZ, PFEFFER
1/2 TL MUSKATNUSS, GEMAHLEN
2 KLEINE ZWIEBELN
1 EL BUTTER
2 HANDVOLL SAUERAMPFER
1 HANDVOLL GÄNSEBLÜMCHEN

Für das Dressing:

6 EL SONNENBLUMENÖL
4 EL ROTWEINESSIG
1 TL SCHARFER SENF
1 TL HONIG
1 TL GEMÜSEBRÜHE, SALZ, PFEFFER

ZUBEREITUNG

• 1 •
Die Brötchen in dünne Scheiben schneiden und in eine Schüssel geben. Die Milch aufkochen, vom Herd nehmen und kurz abkühlen lassen. Die Eier verquirlen und mit der Milch vermengen. Mit Salz, Pfeffer und Muskatnuss würzen und über die Brötchen gießen. 15 Minuten ruhen lassen.

• 2 •
Eine Zwiebel schälen und fein würfeln. Die Butter in einer Pfanne erhitzen und die Zwiebelwürfel darin goldbraun anbraten. Eine Handvoll Sauerampfer waschen, trocknen und fein hacken. Zwiebelwürfel und Sauerampfer zu den Brötchen geben und alles zu einem Teig vermengen. Aus dem Teig 6 Knödel formen.

• 3 •
Die Knödel in siedendem Salzwasser 15 Minuten gar ziehen lassen. Aus dem Wasser nehmen, abtropfen und 2–3 Stunden abkühlen lassen. Für das Dressing alle Zutaten in ein Schraubglas geben, verschließen und kräftig schütteln.

• 4 •
Den übrigen Sauerampfer zerpflücken. Die zweite Zwiebel schälen und in dünne Ringe teilen. Die Knödel in dünne Scheiben schneiden und mit dem Dressing, Zwiebelringen, Sauerampfer und Gänseblümchen anrichten.

Salbei-Kürbis-Pfanne

Manchmal braucht man wirklich nicht mehr als drei Zutaten.

FÜR: 2 PERSONEN

• *Zubereitungszeit: 20 Min.* •
• *Koch-/Backzeit: 10–15 Min.* •

1 BUTTERNUT-KÜRBIS (1,2 KG)

10 ZWEIGE WIESEN-SALBEI

60 G BUTTER

SALZ, PFEFFER

ZUBEREITUNG

• 1 •
Den Kürbis waschen und längs in möglichst dünne Scheiben schneiden. Diese dann der Länge nach in schmale Streifen teilen.

• 2 •
Den Kürbis in Salzwasser 4 Minuten kochen. Die Salbeiblätter von den Zweigen zupfen.

• 3 •
Die Butter bei mittlerer Hitze in einer Pfanne schmelzen und die Salbeiblätter hineingeben. Den Kürbis abgießen, gut abtropfen lassen und ebenfalls in die Pfanne geben. Alles gut vermischen und mit Salz und Pfeffer abschmecken.

Gundermann-Krautwickel mit Lamm

FÜR: 2 PERSONEN

- *Zubereitungszeit: 20 Min.*
- *Koch-/Backzeit: 20–25 Min.*

1 MITTELGROSSE ZWIEBEL

1 KNOBLAUCHZEHE

8 MITTELGROSSE BLÄTTER WIRSINGKOHL

3 EL OLIVENÖL

500 G LAMMGEHACKTES

1/2 TL KÜMMEL

SALZ, PFEFFER

3 HANDVOLL GUNDERMANNBLÄTTER

SAURE SAHNE ZUM SERVIEREN

ZUBEREITUNG

• 1 •
Zwiebel und Knoblauch schälen und fein hacken. Die Wirsingblätter waschen und in Salzwasser weich kochen.

• 2 •
Die Hälfte des Olivenöls in einer Pfanne erhitzen und Zwiebel und Knoblauch darin anschwitzen. Das Lammgehackte hinzufügen und unter Rühren weiter anbraten. Dabei das Fleisch mit einem Holzlöffel in kleine Stücke zerteilen. Kümmel, Salz und Pfeffer hinzufügen und die Pfanne vom Herd nehmen.

• 3 •
Die Wirsingblätter aus dem Wasser nehmen. Den Gundermann waschen und mit 2 Wirsingblättern in kleine Stücke hacken. Beides unter das Lammhack mischen.

• 4 •
Die übrigen Wirsingblätter mit dem Hack füllen, zu festen Rollen aufwickeln und mit Küchengarn zusammenbinden. Das restliche Olivenöl in der Pfanne erhitzen und die Kohlrollen darin rundum anbraten. Mit einem Klecks saurer Sahne servieren.

Giersch-Erbsen-Eintopf mit Wiener Würstchen

Giersch ist so ein wunderbares Grün, das sowohl zu Süßem als auch zu Herzhaftem passt. Bei dieser Suppen-Verkostung hätten wir beinahe den Topf leer gelöffelt.

FÜR: 2 HUNGRIGE

• *Zubereitungszeit: 10–15 Min.* •
• *Koch-/Backzeit: 20–25 Min.* •

1 STANGE LAUCH (CA. 200 G)

1 KLEINE KAROTTE

100 G SELLERIEKNOLLE

1 EL BUTTER

3 WIENER WÜRSTCHEN

600 ML GEMÜSEBRÜHE

4 HANDVOLL GIERSCH

350 G TK-ERBSEN

ZUBEREITUNG

• 1 •
Lauch, Karotte und Sellerie waschen. Den weißen Teil des Lauchs in dünne Ringe schneiden. Karotte und Sellerie schälen und fein würfeln. Butter in einem Topf erhitzen und das Gemüse darin 5 Minuten anschwitzen.

• 2 •
Die Wiener Würstchen in dünne Scheiben schneiden und kurz mit anbraten. Mit Gemüsebrühe auffüllen und geschlossen 15 Minuten köcheln lassen.

• 3 •
Den Giersch waschen, verlesen und in kleine Stücke zupfen. Giersch und Erbsen in den Topf geben und weitere 5 Minuten köcheln lassen. Den Topf vom Herd nehmen und den Eintopf in 2 Tellern servieren.

Gundermann-Kartoffelpüree & Brennnessel-Bouletten

PÜREE FÜR: 2 HUNGRIGE

• *Zubereitungszeit: 10–15 Min.* •
• *Koch-/Backzeit: 20–25 Min.* •

650 G KARTOFFELN, MEHLIG KOCHEND
SALZ
250–300 ML MILCH
1 EL BUTTER
2 HANDVOLL GUNDERMANN

ZUBEREITUNG

• 1 •
Die Kartoffeln schälen, in kleine Stücke schneiden und in reichlich Salzwasser garen. Dann abgießen und zurück in den Topf geben.

• 2 •
Die Milch und die Butter zu den Kartoffeln geben und kurz erwärmen. Den Gundermann waschen, grob zerteilen und ebenfalls zu den Kartoffeln geben. Mit einem Pürierstab zu einem feinen, hellgrünen Püree verarbeiten. Ist das Püree zu fest, etwas mehr Milch hinzufügen.

FÜR: 4 MITTELGROSSE BOULETTEN

• *Zubereitungszeit: 10–15 Min.* •
• *Koch/Backzeit: 30–35 Min.* •

50 G BERGLINSEN
10 GROSSE HANDVOLL BRENNNESSELBLÄTTER
1 KLEINE ZWIEBEL
2 EL SONNENBLUMENÖL
250 G MISCHHACK
1 TL SENF
SALZ, PFEFFER

ZUBEREITUNG

• 1 •
Die Berglinsen nach Packungsanleitung bissfest kochen (ca. 20 Minuten). Die Brennnesselblätter mit kochendem Wasser überbrühen, ausdrücken und fein hacken.

• 2 •
Die Zwiebel schälen und fein würfeln. 1 TL Sonnenblumenöl in einer Pfanne erhitzen und die Zwiebelwürfel darin anbraten. Die Zwiebelwürfel mit dem Hackfleisch, Senf, den Brennnesselblättern und den abgetropften Linsen vermischen und mit Salz und Pfeffer kräftig würzen.

• 3 •
4 Bouletten formen und im heißen Öl in der Pfanne auf beiden Seiten in ca. 10 Minuten goldbraun braten.

Taubnessel-Bowl mit Kräuterseitlingen und lila Kartoffeln

VEGAN

...

Diese Bowl kann man je nach Jahreszeit variieren. Die Taubnessel ist umgänglich und verträgt sich auch mit gegrilltem Apfel im Sommer oder Entenbrust im Herbst.

FÜR: 2 HUNGRIGE

• *Zubereitungszeit: 15 Min.* •
• *Koch-/Backzeit: 25–30 Min.* •

350 G KLEINE, LILA KARTOFFELN

4 TL OLIVENÖL

SALZ, PFEFFER

1 KLEINE KAROTTE

2 FRÜHLINGSZWIEBELN

100 G WEISSKOHL

1 TL WEISSWEINESSIG

120 G KRÄUTERSEITLINGE

1 ZWIEBEL

1 TL ZUCKER

6 HANDVOLL TAUBNESSELBLÄTTER

ZUBEREITUNG

• 1 •

Die Kartoffeln in Salzwasser in ca. 15 Minuten garen, abgießen und in 1 TL Olivenöl schwenken. Mit Salz und Pfeffer würzen. Karotte, Frühlingszwiebel und Weißkohl waschen und trocknen. In dünne Streifen schneiden und mit Essig und 1 TL Olivenöl vermengen. Mit Salz und Pfeffer würzen.

• 2 •

Die Kräuterseitlinge halbieren und in 1 TL Olivenöl rundum goldbraun braten. Aus der Pfanne nehmen und mit Salz und Pfeffer würzen.

• 3 •

Die Zwiebel schälen und in dünne Ringe teilen. Das übrige Öl in die Pfanne geben und die Zwiebelringe darin 5 Minuten braten. Den Zucker hinzufügen und die Zwiebelringe karamellisieren lassen. Die Taubnesselblätter waschen, trocknen und in die Pfanne geben. Mit den Zwiebelringen durchschwenken und weitergaren, bis die Taubnesselblätter gerade zusammenfallen. Alles in Schüsseln anrichten und beim Löffeln vom Herbst träumen.

Räucherfisch mit Radieschen und Sauerampfer

Sauerampfer und Fisch ist eine Traumkombination. Die säuerliche Note der grünen Blätter ist der perfekte Ersatz für Zitronensaft.

FÜR: 2 PERSONEN

• *Zubereitungszeit: 15 Min.* •

250 G BUNTE RADIESCHEN UND RETTICH GEMISCHT

1/2 ZWIEBEL (30 G)

2 RÄUCHERFISCHE

Für das Sauerampfer-Dressing:

1 HANDVOLL (25 G) SAUERAMPFER

3 EL RAPSÖL

3 EL JOGHURT

2–3 EL ZITRONENSAFT

1 TL HONIG

SALZ, PFEFFER

ZUBEREITUNG

• 1 •

Radieschen und Rettich waschen, putzen und in dünne Scheiben schneiden. Die Zwiebel schälen und in sehr dünne Ringe teilen. Alles auf einem Teller mit dem Räucherfisch anrichten.

• 2 •

Für das Dressing alle Zutaten in einen Messbecher geben und mit einem Pürierstab fein pürieren. Durch ein Sieb gießen und über das Rettich-Radieschen-Carpaccio träufeln.

Brennnessel-Energiehappen

Der grüne Kick zwischendurch.

FÜR: 15 STÜCK

• *Zubereitungszeit: 10 Min.* •

150 G SULTANINEN

50 G WALNUSSKERNE

30 G SONNENBLUMENKERNE

25 G HAFERFLOCKEN, ZARTBLATT

1 PRISE ZIMT

4 EL BRENNNESSELSAMEN

ZUBEREITUNG

• 1 •
Alle Zutaten außer den Brennnesselsamen in einem Blitzhacker zermahlen.

• 2 •
Aus der Masse 15 ca. 2 x 2 Zentimeter große Würfelchen formen.

• 3 •
Die Brennnesselsamen auf einen tiefen Teller geben und die Energiewürfel darin wenden.

Tipp: Ab August kann man die Samen der Brennnessel sammeln. Dazu Handschuhe anziehen und die grünen Samenstände vom Brennnesselstängel schneiden. Frisch verwenden oder alternativ 2 bis 3 Tage trocknen lassen und die Samen dann von den Stielen streifen. Dann sind sie besonders knusprig, wie in diesem Rezept.

Dost-Pralinen mit Haselnusskern

FÜR: CA. 20 PRALINEN

- *Zubereitungszeit: 30 Min.*
- *Koch-/Backzeit: 5 Min.*
- *Ruhezeit: 12 Std.*

200 G ZARTBITTERSCHOKOLADE (70 % KAKAO)

3 TL DOSTBLÄTTCHEN, PLUS BLÄTTCHEN UND BLÜTEN ZUM DEKORIEREN

200 G SCHLAGSAHNE

50 G BUTTER, KALT

25 G VOLLMILCHSCHOKOLADE

1 HANDVOLL HASELNUSSKERNE

ZUBEREITUNG

• 1 •

Die Zartbitterschokolade in Stücke brechen, die Dostblättchen fein hacken und in eine Schüssel geben. Die Schlagsahne aufkochen und über die Schokolade gießen. 5 Minuten beiseitestellen.

• 2 •

Die Schokoladenmischung mit dem Schneebesen durchrühren, bis die Stückchen vollständig aufgelöst sind. Die Butter in kleine Stücke schneiden und unterrühren. Die Masse über Nacht kalt stellen.

• 3 •

Die Vollmilchschokolade auf der feinen Seite der Küchenreibe raspeln. Von der Schokoladenmasse kleine Portionen abteilen. Je einen Haselnusskern in die Mitte geben und zu Kugeln rollen. Dann die Kugeln in den Vollmilchraspeln wenden und mit den übrigen Dostblüten und -blättchen dekorieren.

Kamillen-Honig-Sorbet & Frozen Joghurt mit Sauerampfer

FÜR: 2–4 PERSONEN

- *Zubereitungszeit: 5 Min.*
- *Koch-/Backzeit: 2 Min.*
- *Ruhezeit: 8–10 Std.*

4 TL FRISCHE KAMILLENBLÜTEN (ERSATZWEISE 3 TL GETROCKNETE BLÜTEN)

2 EL HONIG

1/2 ZITRONE

ZUBEREITUNG

• 1 •
Die Kamillenblüten mit 500 ml kochendem Wasser übergießen. Den Honig hinzufügen und unter Rühren auflösen. 10 Minuten ziehen lassen. Anschließend durch ein feines Sieb gießen und so die Blüten herausfiltern. Die Zitrone auspressen und den Saft mit dem Kamillensud vermischen.

• 2 •
Die Kamillen-Mischung in eine flache Schale füllen und einfrieren (ca. 8–10 Stunden). Anfangs jede Stunde, später alle 30 Minuten mit einem Löffel durchrühren, sodass sich feine Kristalle bilden.

FÜR: 2–4 PERSONEN

- *Zubereitungszeit: 5 Min.*
- *Koch-/Backzeit: 1–2 Min.*
- *Ruhezeit: 6–8 Std.*

1 ZITRONE

3 TL ZUCKER

1 PRISE SALZ

75 G SAUERAMPFER

5 GEH. EL JOGHURT (3,8 % FETT)

ZUBEREITUNG

• 1 •
Die Zitrone auspressen und den Saft mit 50 ml Wasser und dem Zucker in einen Topf geben. Kurz aufkochen und unter Rühren den Zucker auflösen.

• 2 •
Den Zitronensirup mit den übrigen Zutaten in einen Blitzhacker geben und fein pürieren. Die Sauerampfer-Mischung in eine flache Schale füllen und 6–8 Stunden einfrieren. Dabei anfangs jede Stunde, später alle 30 Minuten mit einem Löffel durchrühren, sodass sich feine Kristalle bilden.

Butterkekse mit Blüten

FÜR: 2 PERSONEN

• *Zubereitungszeit: 20 Min.* •
• *Koch-/Backzeit: 12–15 Min.* •
• *Ruhezeit: 1 Std.* •

60 G HASELNÜSSE, GEMAHLEN

120 G BUTTER, KALT

55 G ZUCKER

120 MEHL (TYPE 405),
PLUS EXTRA ZUM AUSROLLEN

WILDE BLÜTEN UND BLÄTTER

ZUBEREITUNG

• 1 •

Haselnüsse, Butter, Zucker und das Mehl in eine Schüssel geben und mit den Fingern zu einem Teig verkneten. Den Teig zu einer Kugel rollen und 1 Stunde im Kühlschrank kalt stellen.

• 2 •

Den Backofen auf 180 °C (Ober-/Unterhitze) vorheizen. Den Teig auf etwas Mehl 0,5 cm dick ausrollen und mit einem Kreisausstecher (5 cm) 20 Kreise ausstechen.

• 3 •

Mit einem Pinsel ein wenig Wasser auf die Keksoberfläche streichen und die Blüten auflegen (eventuell leicht andrücken). Die Kekse im Ofen (Mitte) 12–15 Minuten backen.

Tipp: Am besten eignen sich robustere Blüten und Blätter wie Klee, Kornblumen oder Gänseblümchen. Zarte Blüten wie Kamille mögen den heißen Ofen nicht so gern.

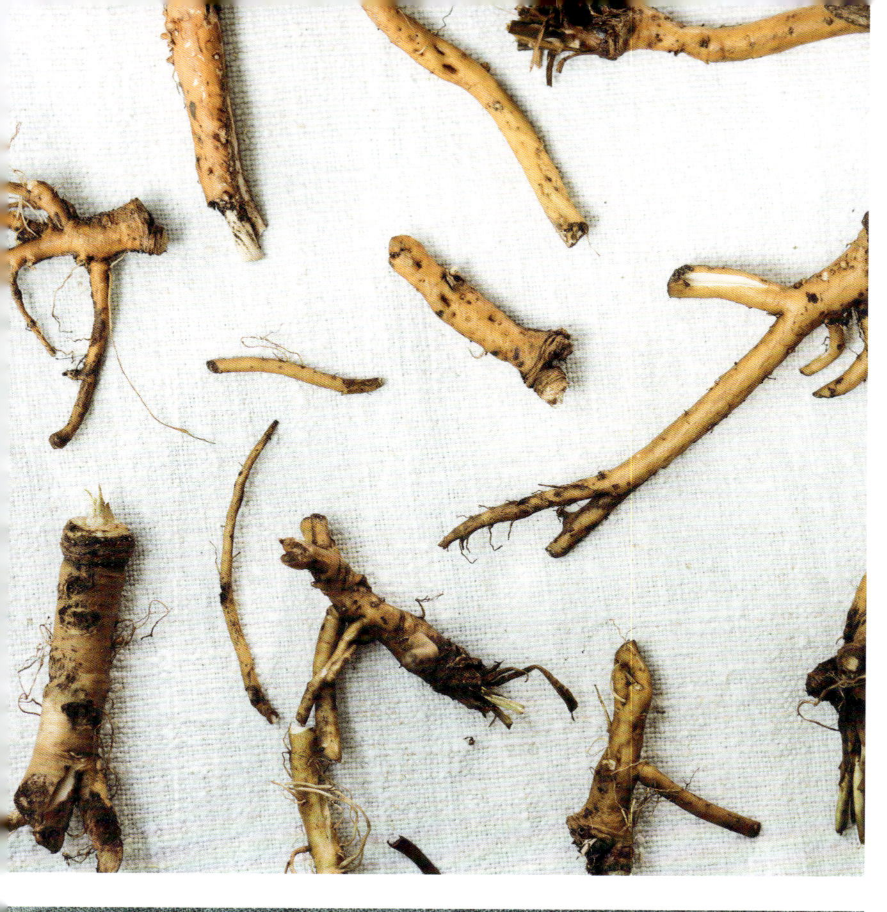

Löwenzahn-Trunk auf Eis

Der Geruch der gemahlenen Wurzeln ist süßlich, kakaoig und erinnert an Maca-Pulver. Super-Food von heimischen Wiesen – was will man mehr?

FÜR: 2 EIS-WURZEL-GETRÄNKE

- *Zubereitungszeit: 25 Min.* •
- *Koch-/Backzeit: ca. 1 Std.* •

8 GROSSE LÖWENZAHNWURZELN

1 TL ZUCKER

2 HANDVOLL ZERSTOSSENES EIS

250 ML MILCH

ZUBEREITUNG

• 1 •
8 große Löwenzahnwurzeln gründlich waschen, trocknen und in kleine Stücke teilen. Im Ofen bei 40 °C (Ober-/Unterhitze) komplett trocknen. Das dauert je nach Ofen und Wurzeln ca. 1 Stunde.

• 2 •
Die getrockneten Wurzeln anschließend in einer Pfanne ohne Fett anrösten. In einer Kaffeemühle oder mit einem leistungsstarken Pürierstab zu feinem Pulver zermahlen. Das ergibt ca. 6 TL gemahlenes Löwenzahn-Pulver.

• 3 •
Das Pulver mit dem Zucker vermischen und mit 150 ml kochendem Wasser übergießen. Beiseitestellen und abkühlen lassen.

• 4 •
Zwei Gläser mit Eis und je 125 ml Milch füllen und den Löwenzahn-Kaffee darübergießen.

Minz-Schoko-Salami

Lässt auch Vegetarierherzen höher schlagen.

FÜR: 2 PERSONEN

• *Zubereitungszeit: 15 Min.* •
• *Koch-/Backzeit: 10 Min.* •
• *Ruhezeit: 80 Min.* •

100 G ZARTBITTERSCHOKOLADE

50 G VOLLMILCHSCHOKOLADE

80 G BUTTER

4 ZWEIGE MINZE

70 G BUTTERKEKSE

25 G HASELNUSSKERNE, GEHACKT UND GERÖSTET

2 EL PUDERZUCKER

ZUBEREITUNG

• 1 •

Die Schokolade in kleine Stücke brechen und mit der Butter im Wasserbad schmelzen. Die Minzblättchen von den Stielen zupfen, fein hacken und zur Schokoladenmischung geben. 20 Minuten abkühlen lassen.

• 2 •

Die Kekse in kleine Stücke brechen und mit den Haselnusskernen unter die Schokomasse mischen. Die Mischung auf Backpapier geben und zu einer festen Rolle zusammenrollen. 1 Stunde im Kühlschrank ruhen lassen.

• 3 •

Die Schokorolle in Puderzucker wälzen und die so entstandene „Salami“ in Scheiben schneiden.

Apfel-Giersch-Mus

Zwei so herrlich bodenständige Zutaten wie Apfel und Giersch ergänzen sich wunderbar. Dieses Mus hat einen so vielseitigen Charakter, dass es zum Wildbraten genauso passt wie zu Schlagsahne.

FÜR: 2 PERSONEN

• *Zubereitungszeit: 10 Min.* •
• *Koch-/Backzeit: 15–20 Min.* •

600 G SÄUERLICHE ÄPFEL

75 G ZUCKER

2 HANDVOLL GIERSCH

ZUBEREITUNG

• 1 •
Die Äpfel vierteln und das Kerngehäuse herausschneiden. Die Hälfte der Äpfel schälen, beim Rest die Schale dran lassen. Dann die Äpfel in kleine Stücke schneiden.

• 2 •
Die Apfelstücke mit 125 ml Wasser und dem Zucker zum Kochen bringen. Geschlossen 15 Minuten köcheln lassen. Den Topf vom Herd nehmen und mit einem Pürierstab zu einem groben Mus verarbeiten. Den Topf zurück auf den Herd stellen und offen 1–2 Minuten weiter einkochen.

• 3 •
Den Giersch waschen, trocknen und klein hacken. Den Topf vom Herd nehmen, den Giersch hinzufügen und untermischen.

Himbeer-Salbei-Marmelade

FÜR: 1 GLAS MARMELADE (CA. 400 ML)

• *Zubereitungszeit: 5 Min.* •
• *Koch-/Backzeit: 5 Min.* •
• *Ruhezeit: 12 Std.* •

300 G HIMBEEREN

150 G GELIERZUCKER (2:1)

5 STÄNGEL WIESEN-SALBEI

ZUBEREITUNG

• 1 •

Die Himbeeren und den Gelierzucker in einen Topf geben und sprudelnd unter Rühren 3 Minuten aufkochen.

• 2 •

Die Salbeiblätter von den Stängeln zupfen und fein hacken. In die Marmelade einrühren.

• 3 •

Die Marmelade in das Glas geben, verschließen und über Nacht kalt stellen.

Tipp: Ein Blättchen Salbei abzupfen und testen. Je nach Geschmack mehr oder weniger Blätter in die Marmelade geben.

Register

Das Team

DIE AUTORINNEN

Sandra Schumann ist Autorin, Food Stylistin und bekennender Foodie. Nach ersten Ausflügen in die Food Fotografie führte die Leidenschaft fürs Kulinarische die gebürtige Berlinerin nach Paris. Dort schrieb und gestaltete sie Kochbücher für internationale Verlage, kreierte Rezepte für Zeitschriften und arbeitete als Food-Stylistin für Werbekunden. Seit 2015 ist Sandra wieder in Berlin zu Hause. Beim gemeinsamen Durchstreifen der Stadtparks kam ihr und Julia Schmidt die Idee zu diesem Buch.
www.sandraschumann.com

Anne Schmidt-Luchmann ist seit 2012 Wildkräuter-Dozentin in den Bereichen Heilen, Kochen und Kosmetik. Ihre Liebe zu Wildpflanzen hat sie zu verschiedenen Lehrern geführt: Sie absolvierte die Meisterausbildung in Europäischer Heilpflanzenkunde bei Susanne Fischer-Rizzi und den Wildkräuter-Kochkurs bei Meret Bissegger im Tessin. Für dieses Buch hat sie die Einleitung und Pflanzentexte geschrieben und ist Fachexpertin für die im Buch vorkommenden Wildpflanzen.
www.anneskraeuter.de

DIE FOTOGRAFEN

Julia Schmidt ist Teil des Fotografenteams JUNI. Sie liebt neben Streifzügen durch die Natur gutes Essen und inspirierende Reisen. In Finnland lernte sie **Nikolas Hagele** 2010 auf einer Fotografenexkursion im Rahmen der Ausbildung kennen. Dort starteten die beiden bereits mit den ersten gemeinsamen Projekten und sind seitdem viel herumgekommen: Pizza in London, Sterneküche in der Schweiz und Milchbauern auf der Alm. Im Juni 2017 gründeten sie die GbR JUNI mit Sitz in Berlin und Augsburg. In ihrem Berliner Studio entstanden die Bilder zur *Wilden Wiese*. Die Schwerpunkte der Fotografie von JUNI sind Food, Interior, Produkt und Porträt.
www.juni-fotografen.com

DANK

An dieser Stelle wollen wir uns ganz herzlich bedanken. Und zwar bei allen, die uns geholfen haben, die *Wilde Wiese* trotz Sommerdürre auf die Teller zu bringen. Danke Katha und Quirin fürs Kleepflücken, Astrid für die Gänseblümchen, Nikolas für die Inspirationen, Uli fürs Verkosten, Martin für die tolle Focaccia, Mama Ilona fürs Vogelmierezupfen und Mama Fanny und ihrem wundervollen grünen Garten. Und natürlich Anne und Tina – danke für die wunderbare Zusammenarbeit.

Das Wilde-Wiese-Team: Nikolas Hagele, Julia Schmidt, Anne Schmidt-Luchmann und Sandra Schumann

Impressum

CALLWEY
SEIT 1884

Streitfeldstraße 35, 81673 München
buch@callwey.de
Tel.: +49 89 436005-0
www.callwey.de
www.facebook.com/callwey
www.instagram.com/callwey

ISBN 978-3-7667-2408-3
1. Auflage 2019

Bibliografische Information der Deutschen Nationalbibliothek
Die Deutsche Nationalbibliothek verzeichnet diese Publikation in der Deutschen Nationalbibliografie; detaillierte bibliografische Daten sind im Internet über <http://dnb.d-nb.de> abrufbar.

Dieses Buch wurde in CALLWEY-QUALITÄT für Sie hergestellt:
Bei der Materialauswahl und den Möglichkeiten der Buchveredelung überlasst das Callwey-Team nichts dem Zufall. So berücksichtigen wir die Gestaltung und Bildsprache jedes einzelnen Titels individuell. Denn dieser ganz besondere Inhalt soll nicht einfach nur schön gedruckt werden, die Buchseiten müssen sich auch gut anfühlen. Beim Inhaltspapier dieses Buchs haben wir uns für ein LuxoArt Samt in 150 g/m² entschieden – ein matt gestrichenes Volumen-Bilderdruckpapier. Die gestrichene, matte Oberfläche gibt unseren Bildern den gewünschten Charakter und bringt die bekannte Callwey-Bildsprache optimal zur Geltung. Die Hardcover-Gestaltung spricht für sich, hier kommt das Buch ohne zusätzliche Veredelung aus.

Dieses Buch wurde in Deutschland gedruckt und gebunden bei der Druckerei APPL, aprinta druck GmbH, in Wemding.

Verwendete Illustrationen: Shutterstock / Olga Korneeva

Hinweis
Die Angaben zu den im Buch vorkommenden Pflanzen und Zutaten wurden sorgfältig geprüft. Eine Garantie kann jedoch nicht übernommen werden. Eine Haftung der Autorinnen, des Verlags oder seiner Beauftragten für etwaige Schäden ist ausgeschlossen.
Bitte nur sammeln und verzehren, was Sie sicher erkennen! Jegliche Unsicherheit in der Bestimmung macht die Wildpflanze als Nahrungsmittel tabu! Die Verwendung der Pflanzen zu Heilzwecken ersetzt keinen Arztbesuch!

Viel Freude mit diesem Buch wünschen Ihnen:

Projektleitung: Tina Freitag
Lektorat: Karin Heimberger-Preisler, München
Grafische Gestaltung und Umschlaggestaltung: Heike Wagner
Grafische Umsetzung: Sina Chakoh, Münster
Herstellung: Franziska Gassner, María Juliana Bieler

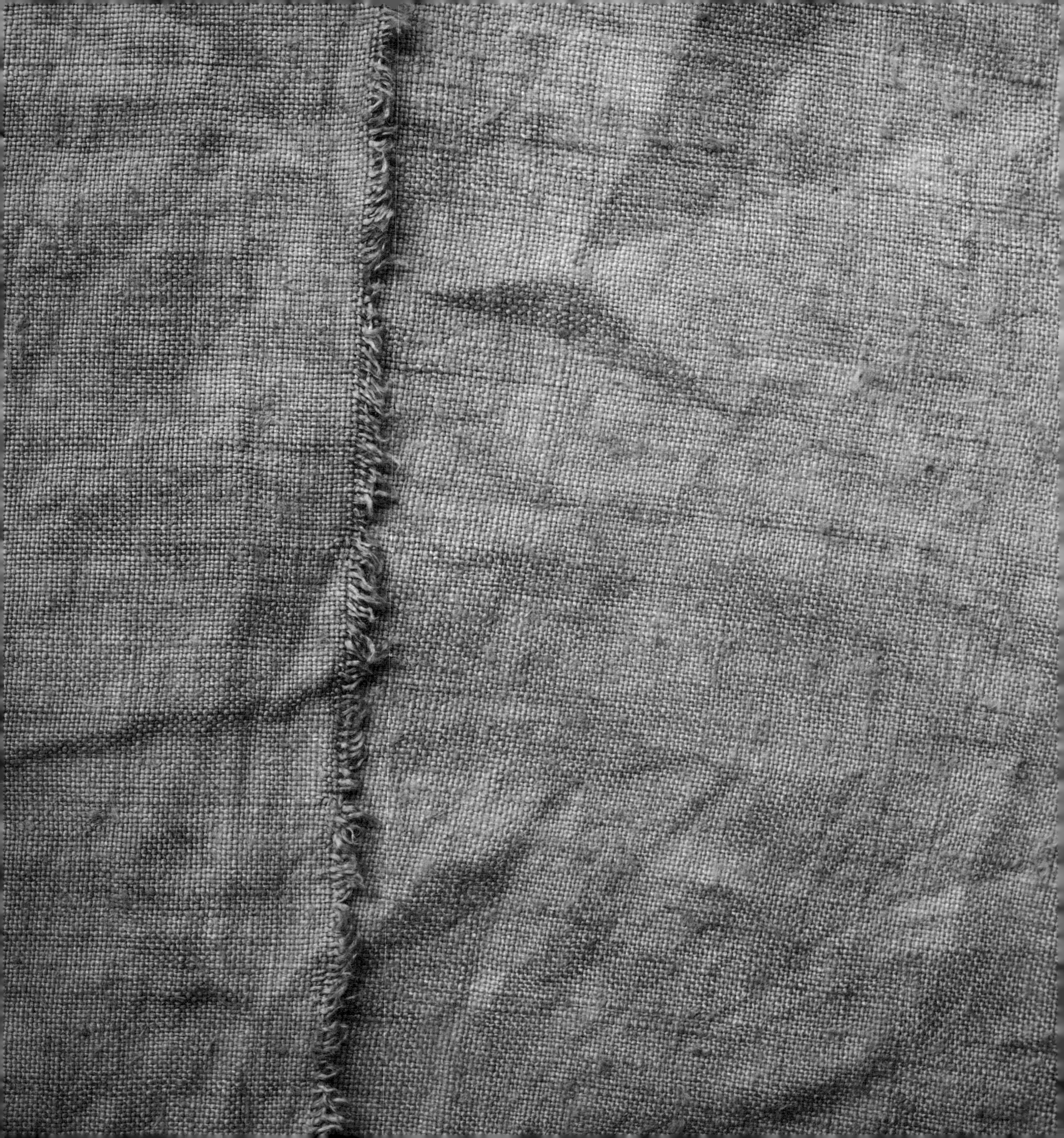